한 권으로 끝내는
은퇴 준비 프로젝트

한 권으로 끝내는

은퇴 준비 프로젝트

한동욱 지음

| 은퇴 후 자산관리를 위한 실전 가이드 |

빈커뮤니케이션즈

추천의 글

　이 책은 은퇴를 준비 중이거나 이미 은퇴하신 분들을 위한, 저자의 실제 경험과 통찰을 바탕으로 한 실용적이고 현실적인 가이드입니다. 재정 관리에 국한되지 않고, 은퇴 후 삶의 질을 높이기 위한 다각적인 조언을 아우르고 있어, 은퇴를 인생의 새로운 시작으로 준비하고자 하는 이들에게 큰 도움이 될 것입니다. 특히 자산관리 파트는 복잡하고 어려울 수 있는 재무 개념들을 저자가 쉽고 명확한 언어로 풀어내어, 투자 입문서로서도 충분한 가치를 지니고 있습니다. 저자는 은퇴를 준비함에 있어 금융과 자본시장에 대한 기본적인 이해가 필수적임을 강조하며, 이를 위해 기업 분석의 기초, 필수 금융상품, 위험과 수익의 관계 등에 대해 친절하게 설명합니다. 또한 성공적인 자산관리를 위해서는 무엇보다 '변동성 관리'가 중요하다는 점을 지적하며, 이를 위한 핵심 원칙으로 '분산 투자'를 제시합니다. 더불어 투자에서 가장 중요한 요소인 '시간'을 효과적으로 활용하기 위해 정액분할투자 및 장기투자의 중요성을 거듭 강조합니다. 이 책은 단순한 재무 설계서에 머물지 않고, 건강, 배움과 취미, 사회적 관계 등 노후 삶을 더욱 풍요롭게 만들어줄 다양한 요소들에 대해서도 깊이 있게 다룹니다. 독자는 이 책을 통해 은퇴 후 진정으로 '나를 위한 삶'을 시작할 수 있는 방향을 찾을 수 있을 것입니다.

감수자, **영주 닐슨** 성균관대 교수

프롤로그

직장 생활 만 30년. 나도 곧 정년퇴직이다. 몇 년 전부터 '퇴직금'이라는 자산을 지키겠다는 절박한 마음에 투자 공부를 시작했다.

먼저 투자 관련 책부터 두루 사다 읽었다. 워런 버핏, 앙드레 코스톨라니, 피터 린치 등 투자 대가들이 실전을 바탕으로 집필한 책들을 섭렵했다. 국내에서 자산 투자로 이름을 날린 강방천 에셋플러스 대표와 사업가로 큰 부를 이룬 김승호 스노우폭스 회장, 금융 교육을 강조한 존 리 전 메리츠증권 대표가 쓴 도서도 접했다. 그렇게 6개월, 읽은 책이 50여 권에 달했다. 내친김에 제대로 공부해 보자고 마음먹고, 과거 통계를 근거로 이론을 제시한 제러미 시겔, 벤저민 그레이엄 도서를 탐독했다. 증권투자상담사 자격증도 땄다. 한때 월가에서 수조 원 규모의 자산을 운용했던 영주 닐슨 성균관대 교수와 국내 최고의 연금 전문가 김경록 박사를 만나 가르침을 받기도 했다. 미국의 금융 역사도 더듬어 살펴보았다. 시간이 흐르면서 나만의 투자철학과 원칙이 형성됐다.

사실 처음부터 이런 철학과 원칙을 가졌던 것은 아니다. 나는 1995년 6월 1일 국내 최고의 경제신문인 매일경제에 입사했다. 남들보다

30분 일찍 출근해 경제신문을 보면서 경제 현상에 깊은 관심을 가지게 되었다. 당시 어느 한 선배가 경제 현상을 제대로 들여다보기 위해 소액이라도 주식에 투자하기를 권유했다. 경기 동향, 금리, 물가, 고용률, 환율, 국제수지 등 여러 경제 요인과 맞물려 주가가 반영되기 때문에 경제 지식 습득과 재테크라는 2가지 측면에서 도움이 된다고 했다. 그렇게 주식 투자에 첫발을 내디뎠다. 높은 수익률을 달성한 날에는 기뻐하고, 손실을 본 날에는 좌절감을 맛보기도 했지만, 지속된 소소한 투자수익이 자신감을 주었다. 내가 주식 투자에 남다른 재능이 있는 줄 알았다. 이대로만 가면 50세 이전에 경제적 독립을 선언하는 날이 오겠거니 하면서 희망에 부풀었다. 근거 없는 자신감은 빚을 내 무모한 투자로 이어졌다. 인플레이션과 대출 이자를 고려하면 기회비용은 훨씬 컸다. 완전한 실패였다.

다행히도 실패를 통해 귀한 깨달음을 얻었다. 투자에 대한 철학과 원칙이 부재했음을 그제야 알아차렸다. 투자에 관한 공부를 하지 않았고 이론적인 틀 없이 투자했다. 내가 했던 것은 투자가 아닌 투기였다. 주식 투자에 요구되는 인내가 부족했고, 평정심을 갖지도 못했다. 변동성을 이길 힘은 가치투자, 분산투자, 장기투자임을 몰랐다. 시장이 과열되었을 때 매도하고 공포에 서서히 진입해야 리스크를 줄일 수 있음을 알지 못했다. 이런 무지에 대한 자각이 내게는 가능성의 시작이 됐다.

나의 투자 공부와 실패 경험을 바탕으로 모 대학에서 금융자산 특강을 하는 기회가 있었다. 우연찮게도 그 내용이 여러 언론에 보도가 되었고, 시니어TV에서 강의 요청도 들어왔다. 이때 강의한 내용을 기반으로 이 책을 쓰기 시작했다.

요즘은 기대 수명이 늘어 은퇴 후에도 30년 이상을 살게 된다. 100세 시대를 준비해야 한다. 내 수명을 알 수 있다면 자산이 수명과 동시에 끝나도록 적당히 나누어 쓰면 되지만, 수명이 언제 다할지는 아무도 모른다. 따라서 안전하면서도 자산의 수명을 증가시키는 전략과 방법을 모색해야 한다. 핵심은 바로 성공적인 자산 투자관리에 있다.

투자 자산군에는 주식, 부동산, 채권, 예금 등이 있다. 안전한 자산인 예금에 묻어두면 단기적으로는 안전해 보이지만, 장기적으로 보면 위험하고 어리석은 일이다. 시간이 지남에 따라 물가 상승이 구매력을 감소시킨다. 부동산도 안전하지 않다. 한국은 가구당 자산에서 부동산이 차지하는 비율이 70% 중반대로 미국, 일본 같은 선진국보다 훨씬 높은 데다가 2차 베이비붐 세대가 은퇴하면 부동산 매물이 많이 나올 우려가 있기 때문에 무리한 빚을 내 투자하는 부동산은 극히 위험하다.

투자 자산군 중에서는 주식이 변동성은 높으나 장기적으로 보면 수익률이 제일 높다. 그래서 투자가들은 채권 수익률보다 더 높은 수익률을 얻고자 주식을 통해 자산을 증식시켰다. 투자에 주식 비중을 높여야 하는 이유다. 그렇다고 주식에 너무 큰 비중을 두고 있으면 주가가 급락할 경우 큰 손실이 불가피하다. 따라서 나이가 들수록 다소 안정적인 채권 비중을 높여야 한다. 투자전문가들은 50대 이후에는 채권 비중을 최소 50% 이상을 권하고 있다. 또 변동성 높은 개별 주식보다는 여러 개의 주식 종목에 분산 투자해 변동성을 낮춰야 한다. 주식 선정과 변동성 예측은 전문가 전망도 쉽게 빗나간다. 은퇴 자금이 이런 개별 주식에 치중해 있으면 하락장에 자산이 급속히 하락하는 위험에 처할 수 있다. 차라리 시장 지수와 연동된 인덱스펀드나 ETF 상품에 투자하거나 나이에 따라 자동 리밸런싱해 주는 TDF 상품이 무난하다. 은퇴 후에는 채권 이자, 리츠 배당, 주식 배당주 등 인컴 자산군에 비중을 높여 현금 흐름을 창출하는 게 좋다.

투자 세계에서 가장 위험한 말이 '이번에는 다르다.(This time is different.)'이다. 과거와 다른 새로운 투자 환경이 열렸다고 생각하고 성공적인 투자 가능성을 높이 평가해 뛰어들어가 결국 큰 손실을 보아 비싼 대가를 치르게 된다. 과거로부터 교훈을 삼아 이번엔 꼭 투자에 성과를 얻을 수 있다고 자신하지만, 모든 조건이 과거와 동일한 것은 이 세상에 없다. 투자 환경은 항상 새롭고 매번 다르다. 이런 변화무쌍하고 급변하는 투자 세계에서 안전하면서도 확실한 투자 방법을 찾는 일은 시대를 막론하고 모든 투자자가 고민해 왔다. 특히 은퇴 후 노년에는 더욱 중요한 문제다. 냉정한 투자자가 되어야 한다. 2008년 글로벌 금융위기나 코로나19 팬데믹 같은 블랙스완을 만났을 때 잠시 손실을 보더라도 회복 불가능한 실패를 당하지 않아야 한다. 미래가 유망한 성장주가 늘 큰 폭의 주가 상승을 이끌어 왔기 때문에 섣불리 성장주에 투자했다가 큰 폭의 손실을 보는 경우가 다반사다. 큰 상승 후 남들이 재미 보고 떠난 뒤에 뒤늦게 시장에 진입하는 쏠림 현상에 피해자가 될 수도 있다. 젊을 때는 실패가 따르더라도 시간이 있기에 만회할 기회가 있지만, 은퇴 후라면 삶이 무너진다. 외부의 풍문과 타인의 사고에 지배당해 부화뇌동하지 않고, 자신만의 투자 철학과 원칙을 세워야 한다.

가장 중요한 투자 원칙과 기준은 가치투자이다. 투자 대상 기업이 자기자본이익률(ROE)이 높고, 주가수익비율(PER)이 낮은, 본질 가치가 저평가된 우량 주식을 분산하여 장기 투자하면 손해 볼 확률은 극히 낮아진다. 성공 투자를 위해서는 경제 지식과 이해도가 있어야 한다. 투자의 대전제인 수익률과 위험도의 상충관계를 이해하고, 금융의 메커니즘을 알아야 한다. 자산 가격이 실물적인 요소인 자본 생산성과 금융적 요소인 통화량 두 가지 요소가 결합해 결정된다는 자본시장 원리도 이해해야 한다. 인간의 탐욕, 광기 등 비합리적인 본성이 투자에 어떻게 습관적이고 반복적으로 나타나는지 인문학적 사고도 할 줄 알아야 한다.

이 책은 은퇴 후 행복한 삶을 살 수 있도록 자산관리 중심으로 지면을 많이 할애했다. 그밖에 건강관리와 배움, 취미, 사회적 관계에 대해서도 덧붙였다. 물론 시중에는 자산 투자나 금융·경제 분야에 관한 다양한 책들이 많이 있다. 이론에 치우친 전문 도서가 있고, 기술적인 면에 초점이 맞추어진 도서도 있으며, 단편적인 재테크 처세와 길잡이를 제시하는 도서도 있다. 이 책은 은퇴 후에 자산을 지속적으로 유지하기 위한 안정적이고 실패 없는 자산운용에 중점을 뒀다. 그래서 투자자에게 요구되는 기본 철학과 원칙을 중심으로 실전투자 전략과 구체적인 방법을 담으려 노력했다. 투자전문가, 학자들의 투자 통계와 데이터를 가지고 투자 이론과 방법을 들여다보았다. 아무쪼록 이 책이 은퇴 후 자산관리에 관한 입문서이자 개론서가 되길 기대한다. 특히 곧 은퇴를 준비하거나, 이제 막 은퇴 후 삶을 사는 나와 비슷한 사람들에게 큰 도움이 되기를 소망한다.

사실 책 발간을 앞두고 원고를 다듬고 수정하기를 수없이 반복했지만 늘 아쉬움이 남는다. 이 책이 부족한 상태로 세상에 나오더라도 나의 투자에 대한 기본 철학이나 방향을 정리하는 데 의미가 있을 것이라고 스스로 위안하면서 감히 용기를 내본다. 부족한 저에게 격려와 기도로 함께 응원해 주신 모든 분께 감사한 마음을 전한다.

차례

추천의 글   4
프롤로그   6

1부 / 왜 노후에 자산관리가 필요한가?

1장 돈과 자산관리	20
1. 돈의 영향력	21
2. 부자란	24
3. 투자란	27
2장 왜 젊을 때 자산관리를 서둘러야 하나	30
1. 인구 고령화	31
2. 저성장 시대	34
3. 저금리 시대	37
4. 나의 노후 자금은 얼마나 필요할까?	41

2부 / 금융과 자본시장에 대한 이해

3장	금융 교육 현주소	46
	1. 우리나라	47
	2. 유대인	48
	3. 그 외 선진국: 미국, 독일, 뉴질랜드, 영국	50
4장	금융의 원초적 이해	52
	1. 금융의 황금 법칙	53
	위험과 수익률 상충관계(risk-return trade off)	53
	72의 법칙	54
	100-나이(Age)	54
	-50=+100	55
	4% 룰	56
	2. 자본에 대한 이해	57
	3. 복리의 효과	60
	4. 인플레이션에 따른 자산 가치의 변화	64
5장	금융 위기의 역사	68
	1. 미국의 3대 경제 지표	69
	2. 금융 위기 사건들	72
	IMF 외환 위기(1997년)	72
	닷컴 버블(2000년)	73
	글로벌 금융위기(2008년)	75
	코로나19 팬데믹(2020년)	78
	트럼프 관세정책(2025년)	79
	3. 금융 위기에서의 교훈과 시사점	83

6장 자산 종류와 기업 분석   86

1. 자산의 종류   87
- 주식   87
- 채권   88
- 부동산   92
- 펀드   93
- ETF   96
- 암호화폐   99
- 대체투자   100

2. 기업 분석   102
- 기업의 재무제표   102
- 기업의 분석 지표; 저평가 주식을 고르는 기준   105

3. 시장의 고평가 판단 지표들   111
- Shiller P/E Ratio(CAPE)   111
- Buffett Indicator(버핏 지수)   112
- Earnings Yield Gap(일드 갭)   112

3부/ 이기는 게임

7장 승리를 향하는 길   116

1. 알파를 향한 여정   117
- 랜덤워크 이론과 효율적 시장 가설   117
- 베타와 알파   117
- 위험과 수익의 수학적 접근   118

	2. 위험과 수익 관계의 이론적 논거	122
	현대 포트폴리오 이론(Harry Markowitz, 1950년)	122
	자본자산가격결정모델(CAPM, 1964년)	123
	재정가격결정이론(APT, 1976년)	125
	파마-프렌치의 3요인 모델(1992년)	125
	현대적 투자 전략(1990년대 이후)	126
	3. 변동성 관리가 핵심이다	129
	4. 변동성을 줄이는 방법	132
	분산 투자	132
	장기 투자	136
	정액분할투자	142
8장	인간에 대한 이해	148
	1. 행동경제학 태동	149
	2. 인간의 인지적 편향 양태	158
	휴리스틱(Heuristics)과 편향	158
	자기 과신	158
	확증 편향	160
	닻내림 효과(Anchoring Effect)	161
	틀짜기 효과(Framing Effect)	162
	군중 행동	162
	3. 투자에 구체적 적용	164
	빈번한 매매를 하지 말라	164
	군중 심리에 휩쓸리지 말라	165
	투자 시 현금 비중을 관리하라	166
	주변 정보나 소음에 냉정하라	167
	인내하라	168

9장 실전 가이드	170
1. 지식 습득과 사회적 관계망을 구축하라	171
2. 절약, 저축은 기본이다	173
3. 비과세, 절세 상품을 적극 이용하라	176
4. 자산배분에 부동산은 반드시 넣어라	179
5. 가치주를 중심으로 보유하라	182

4부 / 은퇴 후 노후 생활

10장 은퇴 후 자산관리	190
1. 생애자산관리의 개념과 구조	191
2. 50대부터 은퇴 준비 모드로	194
3. 인생 후반 리스크	197
4. 은퇴 후 인출 전략	200
은퇴 승수 300	200
3층 연금을 기본 축으로	202
100세 시대에 재취업은 필수다	204
선 금융계좌·후 연금	207
주택연금으로 현금흐름을 창출하라	208
인출률 4퍼센트	209

5. 은퇴 후 자산관리를 어떻게 해야 하나	211
국민연금 수령액을 키워라	211
개별 주식보다는 시장 지수와 연동된 상품에 투자하라	213
자산 서식지를 글로벌 우량 자산으로 옮겨라	214
인컴 자산 위주로 포트폴리오를 구성하라	215

11장   행복한 노후 생활을 위하여   218

1. 건강	219
수면	222
운동	225
음식	227
2. 배움과 취미	231
3. 사회적 관계	234

에필로그	240
미주	246
참고문헌	250

왜 노후에 자산관리가 필요한가?

1장

돈과
자산관리

1. 돈의 영향력

고대 아리스토텔레스 시대부터 현재를 살아가는 21세기 지금까지 돈에 대한 욕구가 과연 도덕적으로 정당한가에 대한 질문과 논쟁이 끊임없이 이어져 오고 있다. 먼저, 도덕적 관점이 있다. 돈이 인생의 전부가 아니고, 돈은 인생의 목적이 아니라 수단에 불과하며 결코 행복의 척도가 될 수 없다는 고상한 도덕적 관점에서 바라본 시각이다. 다른 한편으로 현실적인 관점이 있다. 돈이야말로 우리가 살아가는 삶에 중요한 부분을 차지하고 있음을 인정하고, 돈의 중요성을 높이 평가한다. 분명한 것은 돈이 인간의 삶을 윤택하게 하고, 선택과 물질로부터의 자유를 준다는 점이다. 돈은 건강과 행복한 삶에 중요한 역할을 한다. 양질의 의료 서비스를 제공해 장수에도 기여하고 있다.

세계적인 경제학자, 철학자, 사상가, 예술가들도 돈에 대한 욕심과 집념은 일반인과 마찬가지이다. 계몽 학자 볼테르는 연인과 몇 시간이고 돈과 증권에 대해서 이야기하기를 즐겼다. 나중에 투기성 짙은 외환 밀거래로 더욱 유명해졌다. 카사노바, 발자크 역시 열정적인 증권 투자자였다. 철학자 스피노자와 경제학자 리카르도 역시 대단한 투자자였다.[1] 앤디 워홀은 돈을 예술의 주제로 삼아 작품을 만들었다. 피카소는 자신의 예술적 재능을 통해 상당한 부를 축적했다. 최고의 경제학자 케인스는 극심한 경제 위기에 처했던 1932년 당시 주식을 대거 매입하여 호경기 때 매도하여 상당한 부를 축적할 수 있었다.

돈을 바라보는 건강한 관점과 태도가 중요하다. 돈은 우리의 삶에 많은 영향을 미친다. 돈이 즐거움과 기쁨을 선사하기도 하지만, 돈 때문에 인간관계가 단절되기도 하고 비극의 단초를 제공하기도 한다. 돈을 좋아하는 것은 나쁘거나 부도덕한 것도 아니고 비난받아서도 안 된다. 돈은 건강, 행복, 품위 있는 삶에 긍정적으로 작용한다. 돈이 있는 곳에 사람이 모인다. 돈이 배우자 선택에 있어서 가장 중요한 요소로 작용하고 있는 것이 현실이다. 헝가리 태생의 전설적인 투자가이자 저술가인 앙드레 코스톨라니는 "한 여자가 돈 때문에 어떤 남자와 사랑에 빠지는 것을 나는 비난할 생각이 없다. 돈은 성공의 표현이며, 그 여자는 바로 그 성공에 매료되는 것이기 때문이다."라고 말했다. 친구 간에도 밥을 잘 사는 사람이 단연 인기가 최고다. 직장 상사도 밥을 잘 사줘야 부하 직원들이 잘 따르고 좋아한다. 돈이 곧 리더십인 것이다. 새해나 명절 때 할아버지가 손주에게 용돈을 많이 줘야 환영받는다. 돈이 성공과 지위의 척도가 되고, 예술적 가치의 바로미터가 되기도 한다. 노후에 헬스나 운동하는데 부담 없이 지출할 수 있어야 건강 유지에 도움이 된다. 건강 검진, 양질의 의료 혜택을 받는 데도 역시 돈이 필요하다.

돈이 없으면 인간다운 생활을 할 수 없고, 인간 존엄이 위협당한다. 가난을 겪어보지 않은 사람은 가난이 얼마나 무서운지 짐작도 못 한다. 마음의 가난은 명상과 독서로 보충할 수 있지만, 경제적 가난은 모든 선한 의지를 거두어가고 마지막 한 방울 남은 자존감마저 앗아간다. 빈곤은 예의도 품위도 없다. 음식을 굶을 정도가 되거나 거처가 사라지면 인간의 존엄을 지킬 방법이 없다.[2] 가난이 지속되면 마음의 여유와 평정을 유지하기가 힘들다. 스트레스를 받아 건강을 해친다. 가족 간에도 자산 분쟁이 일어나기도 한다. 부모님의 증여나 상속을 더 받겠다고 자녀 간의 다툼이 생겨 법적 소송도 마다하지 않는다. 잘못하면 돈이 가족 근간을 해체한다.

돈은 우리의 삶을 풍요롭게 해 주는 중요한 파트너이다. 괴테는 "지갑이 가벼우면 마음이 무겁다"라고 했다. 가장 솔직하면서도 이치를 관통하는 말이다. 속물로 가득 찬 인간이 아니더라도 누구에게나 돈은 심리적 안정감을 주고 있다. 김승호 스노우폭스 회장은 《돈의 속성》에서 "우리가 돈을 어떻게 생각하고 다루는가에 따라 인생이 바뀔 수 있다"라고 말했다. 국가적, 외교적 화두도 돈과 경제다. 국가 간 갈등과 전쟁도 그 밑바탕에는 경제적 이익과 관련이 있다. 돈은 단순한 교환이나 가치 수단이 아니라 우리 사회와 역사를 움직이는 중요한 요소가 된다.

2. 부자란

돈이야말로 나와 내가 사랑하는 사람들을 보호하거나 도울 수 있게 하고 남에게 신세를 지지 않고 살 수 있게 해준다.[3] 이는 돈의 평범한 가치다. 여기서는 돈의 철학적, 윤리적 가치관을 깊이 있게 설명하는 건 아니다. 부자는 어떤 행위나 삶을 살아야 한다고 강요함도 아니다. 단지 부자에 대한 필자의 생각이나 관점을 말하고자 할 뿐이다.

돈을 버는 능력도 중요하지만, 돈을 잘 쓰는 기술은 더 중요하다. 부자는 돈을 가치 있게 사용해야 한다. 부자는 돈을 절제하면서도 잘 사용하여야 한다. 인색해도 안 되고, 낭비해서도 안 된다. 부자가 되었으면 먼저, 부모와 형제를 돌봐야 한다. 그런 후에 여유가 있다면 친척, 지인 나아가 사회에 도움의 손길을 뻗치면 좋겠다. 부자는 피와 땀 그리고 수고와 열정이 녹아 있는 돈을 함부로 사용해서도 안 된다. 가난한 사람을 도와 줄 때 상대방의 자존심을 살려서 조심스럽고 은밀하게 도와줘야 한다. 도움받는 이에게 비굴한 마음을 심어 주어 눈살을 찌푸려서도 안 된다.

워런 버핏은 오마하(Omaha)에 부에 비해 그리 화려하지도 않고 담벼락이 낮은 소박한 집에서 살고 있다. 일상에는 동네 주민과 함께 시간을 보내며 담소하곤 한다. 버핏이 비제도권 내에서 비도덕적인 방법으로 돈을 벌었다면 평소 안전에 신경을 쓰고, 삼엄한 사설 경비원을 대동해 다녔을 것이다. 하지만, 버핏은 늘 윤리적 투자를 강조하고 건전한 투자 습관으로 부를 일군 사람이다. 햄버거로 간단히 점심을 하는 장면을 언론 보도에서 쉽게 접하게 된다. 나이를 먹어도 겸손하고 소탈하다.

남의 돈에 대한 태도는 나의 인격을 반영한다. 내 돈이 소중한 만큼 남의 돈도 소중하다. 내가 존중받고 싶으면 남을 존중해야 한다. 내 돈이 귀하다면 남의 돈 또한 귀하다. 남의 돈을 함부로 대하지 않을 때 나의 돈도 함부로 취급받지 않게 된다. 번갈아 가면서 밥을 사는 친구 사이에 내가 밥을 살 때는 저렴한 음식으로 사고, 친구가 돈을 낼 땐 비싼 음식을 개의치 않고 주문하는 것 또한 온당하지 못하다.

부자가 되려는 조급한 마음은 절대 금물이다. 오히려 부자가 되려는 과한 욕심이 잘못된 판단을 가져와 독이 될 수 있다. 사기를 당할 수도 있고, 고수익을 쫓다가 돈을 날려버릴 수도 있다. 부는 빨리 이루어지는 게 아니다. 부자가 빨리 되려는 마음을 버리고 저축을 통해 투자금을 마련하여 그 돈과 자본이 복리와 시간을 통해 일하게 해야 한다. 천천히, 편안하게, 그러나 확실하게 자산을 증식하는 방법을 찾아야 한다.

진정한 부자는 단순히 경제적 독립을 넘어 삶의 여러 측면에서 균형과 만족을 느끼는 사람을 말한다. 아무리 돈이 많은 부자라도 끊임없이 돈에 대한 갈망에 목말라 있다면 더 이상 부자가 아니다. 에픽테토스는 "부자는 돈이 많은 사람이 아니라, 자신이 가진 것에 만족하는 사람이다."라고 했다. 개인에 따라 부자의 기준은 다르다. 자신을 남들과 상대적으로 비교하면서 여전히 부자가 아니라고 생각하는 사람이 많다. 30억이 있어도 여전히 돈에 대한 갈증에 사로잡혀 있는 사람이 있는가 하면 10억에 만족하고 자유로움을 느끼는 사람도 있다. 50억 가진 부자도 1,000억대 자산가 앞에서 초라해지고 비굴해진다면 더 이상 부자가 아닌 것이다. 그러고 보면 부자는 금액 규모의 문제라기 보다는 부를 바라보는 관점의 문제이다. 돈에 대한 철학이 빈곤하고 자존감이 낮으면 더 이상 부자가 아니다.

3. 투자란

투자는 자산을 구매하여 본연의 자산 가치 상승과 이자, 배당 같은 자본 소득을 취하는 활동이다. 그럼, 투기와 무엇이 다른가? 투자와 투기는 모두 돈을 사용하여 이익을 얻으려는 활동이지만, 접근방식과 성격이 다르다. 투자는 안정적이고 지속 가능한 성장을 목표로 하지만 투기는 단기적인 이익을 추구하면서 높은 리스크를 수용한다.

구분	투자	투기
목적	장기적인 자산 성장과 안정적인 수익	단기적인 이익을 극대화
분석	기업의 재무 상태, 시장 동향, 경제 지표 등 철저한 조사와 분석에 기초하여 의사 결정	분석보다는 시장의 일시적 변동에 의존
리스크	비교적 낮은 리스크를 추구하고, 분산 투자로 리스크를 감소하고자 함	높은 리스크를 감수, 때론 운에 맡기는 경우도 있음
기간	수년에 걸친 장기적 관점을 지향하며 자본 이득과 현금 소득을 얻고자 함	며칠에서 몇 달에 같은 짧은 기간 자산을 보유

부자가 되는 방법에는 여러 가지 있다. 상속을 많이 받는다, 부유한 배우자를 만난다, 유망한 사업을 한다 등이 있을 수 있지만, 가장 보편적으로 부자가 되는 길은 투자에 성공하는 것이다. 앙드레 코스톨라니는 "돈이 많은 사람은 투자할 수 있다. 돈이 조금 밖에 없는 사람은 투자해서는 안 된다. 그러나 돈이 전혀 없는 사람은 반드시 투자해야 한다."라고 한 바 있다.

투자에 관한 이론은 견고한 토대 이론(firm-foundation theory)과 공중누각이론(castle-in-the-air theory) 두 가지가 있다.[4] 일반적으로 투자 업계에서는 크게 이 두 가지 방식으로 가치를 평가하는데 성격이 다르고, 서로 배타적이다.

먼저, 견고한 토대 이론이다.
견고한 토대 이론에서는 주식이든 부동산이든 모든 투자 자산은 내재가치가 있고, 그 가치는 현재 상태와 미래 전망에 대한 신중한 분석을 통해 결정된다는 데 기초하고 있다. 시장 가격이 내재가치보다 떨어지면 매수하게 되고, 반대로 시장 가격이 내재가치보다 올라가면 매도하게 된다. 존 버 윌리엄스(John Burr Williams)는 《투자 가치 이론》에서 주식의 내재가치를 결정하는 공식을 내놓기도 했다. 견고한 토대이론을 견지하는 것은 학자만의 전유물이 아니다. 투자자의 고수인 벤저민 그레이엄과 데이비드 도드는 《증권분석》을 통해 투자자들이 철저한 분석을 통해 가격이 일시적으로 내재가치보다 떨어져 있는 종목을 매입하고, 반대로 올라가 있는 종목을 매도할 것을 권하고 있다. 그레이엄으로부터 투자를 배운 워런 버핏도 이러한 이론을 지향해 수십 년간 연수익률 20%를 기록하기도 했다.

다음은, 공중누각 이론이다.
공중누각 이론은 심리적 가치에 기반한다. 대표적인 경제학자가 존 메이너드 케인스(John Maynard Keynes)이다. 그는 투자에 있어 내재가치보다 군중의 심리적 가치에 무게를 두고 있다. 케인즈는 자신의 책《고용, 이자, 화폐의 일반이론》에서 주식시장과 기대 심리의 중요성을 집중적으로 다루었다. 그는 주식시장 원리를 미인 사진 뽑기 대회에 비유하면서 쉽게 설명했다. 미인을 뽑는데 있어 자신이 가장 예쁜 얼굴이라고 생각하는 사진이 아니라, 참가자들이 선택할 가능성이 높은 사진을 선택한다고 케인즈는 보았다. 금융 분야와 학계에서도 공중누각 이론을 지지하는 사람이 많다. 노벨상 수상자 로버트 실러는《비이성적 과열》에서 1990년대 후반에 인터넷 분야와 첨단 기술 분야에서 일어난 주식 열풍은 오직 군중 심리를 통해서만 설명이 가능하다고 지적했다. 2002년 노벨 경제학상을 받은 대니얼 카너먼도《생각에 관한 생각》(원저 제목은 'Thinking, Fast and Slow')에서 투자시장에서 인간의 비합리성과 이에 따른 의사결정에 군중 심리가 쉽게 작용하고 있음을 강조했다.

투자자는 이 두 이론을 기초하여 기본적 분석과 기술적 분석을 동원한다. 기본적 분석은 견고한 토대 이론에 입각하여 주식의 적절한 가격을 평가하고자 한다. 기업의 자산과 이익 등을 분석, 도출한 내재 가치가 시장 가치보다 높으면 매수 신호를 알린다. 반면에 기술적 분석은 공중누각 이론을 지지하며 주식 가격과 거래량의 움직임을 분석해 가격 방향을 예측한다. 주식 도표를 그리고 해석하는 사람을 차티스트라고 부른다. 도표를 통해 다른 사람들의 과거 매매 패턴을 분석함으로써 앞으로 가격이 어떻게 움직일 것인지를 예측하고자 한다.

2장

왜 젊을 때
자산관리를
서둘러야 하나

1. 인구 고령화

중세 이후 르네상스를 거치면서 이성과 과학은 비약적으로 발달했지만, 미래는 여전히 신의 영역이다. 예로부터 과학자나 미래 학자들은 인류의 미래를 예측하려 노력해왔다. 오늘날에도 과학으로 미래를 예견하고자 통계학적 모델 등 다양한 방법으로 연구하지만, 미래 사회의 모습은 여전히 알 수 없다. 그 가운데서 의미 있는 미래 예측은 인구 구조의 변화로 추정할 뿐이다.

한국경제의 복병도 세계에서 가장 낮은 출산율과 가장 빠르게 진행되고 있는 인구 고령화 현상이다. UN 기준에 따르면, 전체 인구 중 65세 인구 비율이 7% 이상이면 고령화 사회, 14% 이상이면 고령사회, 20% 이상이면 초고령사회로 구분된다. 우리나라는 2000년에 65세 이상 인구 비율이 7.2%로 고령화 사회에 진입했고, 2018년엔 14.3%로 증가하여 고령사회에 진입했다. 2025년에는 20%를 넘어서면서 초고령사회에 진입했다. 문제는 고령화 사회에서 고령 사회로 진입한 속도가 너무 빠르다는 데 있다. 프랑스는 115년, 스웨덴은 85년, 미국 73년, 이탈리아 61년, 영국 47년, 독일 40년, 일본이 24년이 걸린 데 비해 한국은 19년밖에 안 걸렸다.[1] 연장선상에서 고령사회에서 초고령사회로 진입하는 속도 또한 매우 빠르게 진행되고 있다.

고령자 인구는 2022년 898만 명에서 2025년에 1,000만 명을 넘고, 2072년에는 1,727만 명까지 증가할 전망이다(통계청 자료). 75세 이상의 후기 고령자 수는 2015년 270만 명에서 2035년 710만 명, 2055년 1,160만 명으로 매년 3퍼센트씩 늘어난다.[2] 2021년을 기점으로 인구는 감소하고 있으며 50년 후에 한국 인구는 지금보다 1,600만 명이 줄어든 3,600만 명이 될 전망이다. 그중 절반이 65세 이상의 고령층이 될 것으로 보인다.

저출산·고령화는 우리 경제에 복합적인 악영향을 미치게 된다. 우선 생산가능인구(15~64세) 비율이 낮아져 경제 성장 요인인 노동 인구가 줄어 경제 성장을 방해한다. 노인층 인구가 늘어나 경제 성장이 둔화하고 소비 또한 위축된다. 소득이 없거나 적으면 소비 둔화로 연결될 수밖에 없다. 또한 미래 세대의 연금 부담이 증가한다. 정부 당국도 노인 복지 재정이 늘어 어려움에 처하게 된다. 초고령사회에 진입하면 경제 활력을 잃게 돼 장기 불황이라는 고통스러운 현실을 맞이하게 된다.

저출산·고령화는 주택시장 변화도 불가피하다. 1인·2인 가구 인구 급증(표 2-1), 독신 및 이혼 증가, 소득이 없거나 부족한 노인 계층의 대형 평수 매물 증가 등으로 주택시장은 소형 평수가 더욱 늘어날 전망이다. 전반적인 인구 감소로 주택 수요가 줄어드는 것은 자명하다. 사회 현상에도 큰 변화가 나타난다. 고령화로 의료비 지출이 늘어나 의료 빈민층이 급증하게 된다. 고령화에 따른 노인 빈곤층이 늘어나고, 노후 빈곤으로 인한 자살률이 OECD 국가 중 최고라는 불명예를 안게 되었다. 2020년 기준으로 65세 이상 노인의 소득 빈곤율은 40.4%

로, OECD 평균 14.2%보다 약 3배 높다. 노인 자살률 역시 매우 높은 편이다. 2023년 기준으로 80세 이상 노인 자살률은 인구 10만 명당 59.4명이고, 75세 이상은 103.1명으로 세계 최고 수준이다.

표 2-1 (단위: %)

년도	1인 가구	2인 가구	계
1980	4.8	11.2	15
2022	34.5	30.5	65
2041	41.3	35.5	76.8

자료: 통계청

예전에는 부모가 자식들의 봉양에 의존해 살아갔지만, 지금은 자식에 의존하지 않고 살아가야만 하는 세태의 변화 속에 있다. 자식 또한 부모에게 의존하지 않고, 부모 부양에 대한 책임감도 희미해져 간다. 자신들 살기에도 팍팍한 세상이 되었다. 젊을 때부터 노후 재무를 살 설계해 미래를 준비해야만 하는 이유가 여기에 있다.

2. 저성장 시대

인구 고령화는 장기적으로 생산연령인구 감소로 이어져 성장에 발목을 잡는다. 생산가능인구는 앞으로 20년 동안 약 1,000만 명이 감소해 2044년에는 2,717만 명, 2072년엔 1,658만 명 수준이 될 것으로 전망된다. 산업현장에서 일할 수 있는 생산연령인구의 감소는 결국 경제성장률을 떨어뜨리는 주요 요인으로 작용한다.

우리나라 1인당 GDP는 1960년 79달러, 1980년 1,714달러였고, 2000년에는 1만 달러를 돌파했다. 그 이후 지속적으로 증가하다가 2017년에 3만 달러를 넘어서는 초고속 성장을 이루었다. 하지만 최근 수년 동안은 정체된 양상을 보이고 있다. 2024년에는 36,000달러에 머무르고 있다. 앞으로도 국내 경제의 성장 동력 약화와 인구 정체 등으로 큰 폭의 성장은 어렵다는 전망이 지배적이다.

KDI가 2024년 12월, 한국은행에서 추정한 결과를 발표한 '우리 경제의 잠재성장률과 향후 전망'에서 보면 우리 경제의 잠재성장률은 지속적으로 하락하고 있는 것으로 나타났다. 2000년대 초반 5% 내외에 달하였던 잠재성장률은 2010년대 들어 3% 초중반으로 하락한 데 이어 2016~20년 동안 2% 중반으로 낮아진 이후 2024~26년 중에는 2% 수준으로 추정했다. 이처럼 잠재성장률이 추세적으로 낮아진 것은 생산가능인구 감소와 같은 구조적 요인과 함께 총요소생산성 및 자본투자 증가세가 모두 둔화되었기 때문이다.

저성장은 세계적인 추세다. 미국, 유럽을 포함해서 많은 국가에서 저성장 기조가 장기화할 가능성이 높다. 그동안 경제성장률이 비교적 높았던 중국도 2023년 5.2%에서 2025년에는 4.5%로 하락할 것으로 IMF는 전망하고 있다. 〈표 2-2〉는 2008년 글로벌 금융위기, 2020년 코로나 팬데믹 기간을 제외한 한국과 세계 여러 국가의 연평균 경제성장률을 조사한 내용이다. 다만, 중국은 경제성장률이 매우 높게 나타나고, 국가가 발표한 통계 신뢰성이 떨어져 제외했다. 저성장의 원인에는 인구 고령화 외에도 국가 간 무역 갈등, 지정학적 긴장, 기후 변화 등 글로벌 불확실성이 경제 성장에 부정적인 영향을 미치고 있다.

표 2-2 세계 경제의 구조적 저성장 국면 진입

기간	한국 경제성장률 (연평균)	세계 경제성장률 (연평균)	한국→세계 경제성장률
2003~2008	4.5%	4.5%	0.0%p
2011~2019	2.9%	3.5%	0.0%p
2022~2029	2.2%	3.3%	−1.1%p

출처: Tec embodiment, China-exclusive, 자료: 현대경영연구원

저성장 시대에는 자산 투자가 더욱 중요해진다. 경제 성장률이 낮아지면서 이제는 저축에만 의존할 수 없다. 주식, 채권, 부동산, 금 등 다양한 자산군에 전략적인 투자가 요구된다. 여러 자산에 분산 투자하여 리스크를 줄여 높은 수익률을 창출해야 한다. 국내뿐만 아니라 글로벌 시장에 눈을 돌릴 필요가 있다. 단기적으로 보면 변동성이 있지만, 중장기적으로 우상향하는 미국 시장에 투자자산군을 편입시켜야

한다. 국민연금도 해외시장 투자 비율이 30%가 된다. 국민연금 수익률이 2024년 국내 시장에서는 마이너스를 기록했지만, 해외 시장에서는 30%가 넘는 수익률을 보였다. 앞으로 국민연금도 해외 우량 자산에 투자를 지속 늘려갈 것으로 전망된다.

3. 저금리 시대

코로나19 팬데믹 이후 투자자산 시장에는 많은 변화가 있었다. 세계 각국 중앙은행들은 경기를 부양하기 위해 금리 인하와 대규모 양적 완화를 단행하였다. 미국 연방준비제도(Fed)는 정책 금리를 제로 수준까지 낮추었고, 한국도 금리를 대폭 인하했다. 이로 인해 풍부한 유동성은 자산 가격의 급격한 상승으로 이어졌다.

국내 주식시장은 2019.1.16. 기준으로 23조 원인 고객 예탁금이 2020.3.26.에는 45.2조 원까지 급격하게 늘어났다(그림 2-1).

그림 2-1 2019년~2020년 코스피와 고객예탁금 추이

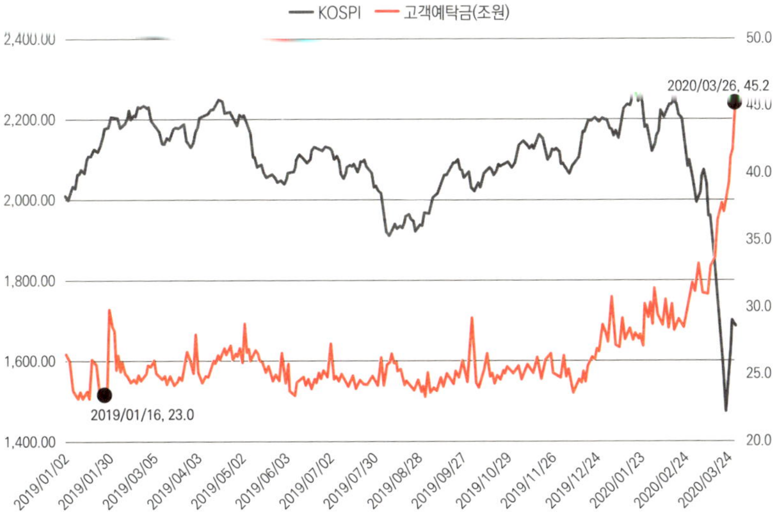

자료: 미래에셋대우

2020년 개인 투자자의 국내 주식 순매수 금액은 48조 원에 달했고, 2021년에도 66조 원의 순매수를 이어가면서 주식시장의 급등을 견인했다.[3]

2021년 주식 시장이 사상 최고치를 경신하면서 주식 투자를 하지 않으면 소외되는 분위기까지 형성되면서 FOMO(Fear of Missing Out, 유행이나 정보에 뒤처져 고립되는 것을 두려워하는 현상)까지 나타났다. 코로나19 팬데믹 이후 경기 둔화를 우려한 정부와 금융당국이 금리 인하 및 유동성 공급 정책을 시행했고, 이는 결국 물가 상승으로 이어졌다. 명목금리가 낮아 실질금리가 마이너스였기에 예금을 대체할 수 있는 투자 수단이 요구되었다. 게다가 IMF 외환위기, 2000년 IT 버블, 2008년 글로벌 금융위기 등에서 나타났듯이 주식 시장이 일시적으로 큰 폭으로 하락 후 수년 내에 다시 반등하는 모습을 경험한 투자자들에게는 코로나19도 장기적으로 보면 투자를 확대할 수 있는 절호의 기회였다. 주식 투자자들은 늘어났고, 주식 시장은 점점 과열돼 갔다.

세계 경제 금융 여건은 주식시장에 우호적이지 않았다. 저금리 환경으로 소비자물가는 상승하였고, 러시아의 우크라이나 침공으로 국제 유가와 곡물 가격이 급등하면서 세계적으로 인플레이션이 일어났다. 이에 미국은 2022년 초 금리를 인상하기 시작하자 주식 시장은 조정 국면으로 진입했다. 미국은 2022년 3월부터 0.5%포인트 인상을 시작으로 지속적 인상, 2023년 7월까지 총 5.50%포인트까지 금리 인상을 난행했다. 그린 후 미국은 2024년 8월까지 5.5%를 유지해 오다가 2024년 9월에 0.5%, 11월 0.2% 이어 12월 0.25% 인하하여 2025년 2월 현재 기준 금리를 4.5% 선에 유지하고 있다(그림 2-2).

그림 2-2 2021년 이후 미국 금리 인상 추이

Source: tradingeconomics.com | Federal Reserve

　　미국은 물가 상승과 고용시장 안정에 방점을 두고 금리 인하 여부를 결정하고, 한국은 물가 상승과 주택 가격 상승 등 금융시장에 미치는 영향을 고려해 금리인하를 반영한다. 한국은 여기에다 미국과의 금리 격차도 함께 고려해 조정한다. 2025년 1월 FOMC 회의록에 따르면, 미국 경제가 견고하고 인플레이션이 높은 상태를 유지한다면 위원회가 정책 금리를 현 상태로 유지할 수 있다고 하면서 반대로, 고용시장의 약화, 경제 활농 눈화, 인플레이션 수준이 2%대로 유지되면 금리 인하로 연결될 수 있다는 여지를 남겼다. 앞으로도 저금리 정책은 당분간 유지될 것으로 전망된다. 게다가 저성장 기조에 있어 금리는 장기적으로 하향 안정화될 가능성이 높다. 과거 1990년대 경제 성장률이 높았던 시기에는 금리가 높아서 은행 예금, 채권에 투자해도 이자가 높아 만족했지만, 지금은 저성장 국면에 저금리 추세여서 자산관리가 그 어느 때보다 중요해졌다.

4. 나의 노후 자금은 얼마나 필요할까?

현실적으로 55~60세에 많이 은퇴하고 있지만, 은퇴 후 재취업 등을 고려해 65세까지 일한다고 가정하고, 여기서는 65세 은퇴 후 2인 가구 기준 필요한 월 생활 지출비를 도출해 보기로 한다. 개인의 자금 형편에 따라 생활 지출비가 다르다. 개인 생활 인식, 주거지역, 건강 상태에 따라 다양하다. 2023년 신한 라이프가 조사한 노후 생활을 위해 필요한 월 생활비(2인 가족 기준)는 평균 318만 4,000원인 것으로 나타났다. 이 평균을 기준으로 기초, 평균, 여유 3개로 구분해 월 지출 생활비를 살펴보고, 65세 은퇴 시점에 필요한 자금을 가늠해 보도록 하겠다.

65세가 되면 대개 자녀들이 출가하므로 부부 2인을 기준으로 가계 지출 생활비를 계산해 보았다. 주로 주거비, 식비, 의료비, 교통비(차량 유지비), 생활비(여가 활동, 문화 및 취미 활동), 기타 잡비를 포함했다.

기초 230만 원, 평균 320만 원, 여유 430만 원에서 국민연금 120만 원(직장생활 25년 기준 평균액)을 빼면 추가 노후 자금으로 매월 각 110만 원, 200만 원, 310만 원이 필요하다. 65세 은퇴와 평균 수명 85세를 가정해 은퇴 후 준비금은 2억 6,400만 원(기초), 4억 8,000만 원(평균), 7억 4,400만 원(여유)이 필요하다. 이 금액은 현재 시점의 화폐 가치이므로 매년 2% 물가상승률을 고려하면 각각 3억 9,200만 원, 7억 1,300만 원, 11억 600만 원이 필요하다.

표 2-3 은퇴 후 가계 수준별 필요 자금

구분	기초	평균	여유
월 지출비	2,300,000	3,200,000	4,300,000
65세 은퇴 후 20년 노후 자금	552,000,000	768,000,000	1,032,000,000
국민연금(월 수령액)	1,200,000	1,200,000	1,200,000
추가 노후 자금(월)	1,100,000	2,000,000	3,100,000
은퇴 후 준비금(현재 가치)	264,000,000	480,000,000	744,000,000
은퇴 후 준비금 (20년 후 은퇴시점)	392,000,000	713,000,000	1,106,000,000

〈표 2-4〉는 20년, 30년 투자 시 목표 수익률별 월 적립 금액을 계산해 봤다. 20년 동안 기초 수준인 3억 9천2백만 원을 마련하기 위해서는 수익률이 4%일 때는 월 1,207,000원, 5%는 1,088,000원. 6%는 980,000원을 모아야 한다. 반면에 은퇴 준비를 10년 일찍 준비해 30년 동안 은퇴 자금을 모은다면 4%는 607,000원 5%는 510,000원 6%는 429,000원이 필요하다. 연수익률 4~6%를 내려면 은행 예금에 맡기면 불가능하다. 주식이나 채권 등 자본에 투자하여 자산을 불려나가야 한다. 시장 지수와 연동된 인덱스펀드, ETF 등에 넣어 장기 투자하면 비교적 안정적인 수익을 달성할 수 있다. 국민연금은 20년 동안 평균 수익률이 5%대이다. 표에서도 알 수 있듯이 20년보다 30년으로 기간이 늘어나면 복리 효과가 작동돼 매월 적립금이 현저하게 줄

어듭을 알 수 있다. 동시에 수익률이 높으면 매월 적립금도 낮음을 볼 수 있다. 노후 준비를 한 살이라도 일찍 시작해야 하는 이유가 여기에 있다.

표 2-4 20년, 30년 투자시 목표 수익률별 월 적립 금액 (단위: 천원)

20년	4%	5%	6%	30년	4%	5%	6%
3억 9천2백	1,207	1,088	980	3억 9천2백	607	510	429
7억 1천3백	2,195	1,978	1,771	7억 1천3백	1,104	928	780
11억 6백	3,404	3,068	2,748	11억 6백	1,712	1,439	1,208

금융과
자본시장에 대한
이해

3장

금융 교육 현주소

1. 우리나라

　성공적인 투자를 위해서는 무엇보다 금융에 대한 지식과 이해도가 높아야 한다. 우리나라는 선진국과 달리 어릴 적부터 가정에서 금융 교육이 제대로 이루어지지 않고 있다. 자녀 수가 적은 핵가족이라 부모는 자녀들에게 지원을 아끼지 않는다. 자녀를 망하게 하지 않으려면 용돈을 쉽게, 과다하게 줘서는 안 된다. 장 자크 루소는 말한다. "자식을 불행하게 하는 가장 확실한 방법은 언제든지 무엇이든 원하는 것을 주는 것이다." 자녀가 원하는 그 무엇이든 들어주려 하는 것은 자녀를 향한 부모의 잘못된 사랑 표현이다. 부모의 궁극적인 역할은 자녀가 사회인으로 독립할 수 있도록 자생력을 키워주는 것이다. 부모는 경제적인 자립을 하도록 가정에서 금융 교육과 훈련을 시켜야 한다. 금융 지식이 부족하면 잘못된 투자 결정이나 판단을 하기 쉽고, 이런 잘못된 투자는 돈을 잃어버리게 만든다. 앨런 그린스펀은 "글을 모르는 문맹은 생활을 불편하게 하지만, 금융 문맹은 생존을 불가능하게 만들기 때문에 더 무섭다"라고 말했다. 금융 지식이 곧 생존과 직결되는 문제라 할 수 있다.

2. 유대인

유대인의 자녀 경제 교육은 자녀가 어릴 적부터 체계적으로 이루어지고 있다. 유대인 부모는 아기가 4~5살이 되면 용돈을 주기 시작한다. 단순히 그냥 주지 않는다. 부모님의 일을 도왔을 때, 심부름을 하거나 약속을 지켰을 때 용돈을 준다. 자녀가 초등학교에 입학하게 되면 아이 명의로 된 통장을 개설하여 부모의 한 달 치 월급을 넣어준다. 남아 13세, 여아 12세가 되면 성인식을 치르게 된다. 친척이나 지인을 모아놓고 성인식을 하면서 이때 부모는 성경과 시계 그리고 현금을 선물한다. 유대인의 사상적 기초가 성경적 가치관에 두고 있기에 성경을, 시간을 황금같이 사용하라는 의미로 시계를, 돈을 관리하고 불려 나가는 훈련을 위해 현금을 지급한다. 이때 요즘 5천만 원 상당을 부조금 형식으로 모아 준다. 이 돈을 가지고 자기나 부모에게 맡겨 돈을 불려 나가는 것을 배우고 체험하게 한다. 이렇게 받은 축하금은 예금, 주식, 채권 등에 투자되어 자산으로 불어난다. 투자된 돈이 점차 불어나는 것을 자녀는 직접 눈으로 보면서 자란다. 부모는 자녀에게 돈이 오직 노력을 통해서만 얻을 수 있음을 알게 하고, 자녀 스스로 저축하고 관리, 투자하게끔 교육한다.

유대인은 돈을 모으는 것이 아니라 불리는 것이라는 기본적인 인식을 가지고 있다. 예금은 돈을 불린다고 하지 않고 차곡차곡 모은다고 표현한다. 불려 나간다는 것은 복리 효과를 이용해 자본을 증식시켜 나간다는 것을 의미한다. 가난은 죄라는 의식을 심어 준다. 유대인 부모의 경제 교육은 자녀가 경제적으로 독립적이고 책임감 있는 성인으로 성장하는 데 큰 도움이 되고 있다.

유대인은 어릴 적부터 시작된 경제 교육 덕에 세계 금융가를 지배하고 있다. 유대인이 세계 인구의 0.2%밖에 불과 하지만, 노벨 경제학상 수상자 65%, 포춘이 선정한 100대 기업의 40%, 세계 백만장자의 20%를 차지하고 있는 것도 이를 방증하고 있다.

3. 그 외 선진국

미국

　미국에서는 청소년 금융 교육이 중요한 이슈로 다뤄지고 있다. 다양한 연구와 프로그램을 통해 청소년들이 재무적인 상황을 잘 이해하고 관리할 수 있는 능력을 키우는 데 초점이 맞춰 있다. 미국 자녀들에게 경제 교육의 근간은 첫째는 경제 교육을 잘 받는 것이고, 둘째는 번 것보다 적게 쓰는 것이고, 셋째는 미래를 위해 계획을 세우고 투자하는 것이라고 가르친다.[1]

　미국 가정에서는 아이들이 어릴 때부터 아르바이트를 통해 돈을 벌고 경제관념을 익히도록 장려하고 있다. 잔디 깎기, 마트 계산원, 레스토랑 서빙 등의 일을 통해 돈을 벌면서 경제적 자립심을 키워주고 있다. 국가에서 12세부터 시간제 노동이 가능하도록 허용하고 있다.

독일

　독일 부모는 4세부터 자녀에게 용돈을 주기 시작한다. 9세까지는 주급 또는 월급으로 용돈을 주고 있다. 13세부터는 아이들에게 아르바이트를 통해 스스로 생활비를 벌 수 있도록 하고 있다. 이와 같이 자녀는 가정에서 돈을 관리하는 법과 실생활에서 금융 지식을 배우면서 자란다. 독일의 학교에서는 금융 교육을 정규 교과과정에 포함시켜 돈의 가치, 저축, 투자 등 기본적인 금융 지식과 개념을 가르치고 있다. 가정과 비영리 단체, 정부에서의 다양한 교육 프로그램은 자녀들이 성인이 되었을 때 재무적으로 독립적이고 책임감 있게 행동할 수 있도록 돕는 데 큰 역할을 하고 있다.

뉴질랜드

뉴질랜드는 초등학생 대상 금융 교육 프로그램이 있다. 어릴 적부터 집안일을 통해 용돈을 모으게 하고 있다. 자녀에게 돈을 물려주기보다 '돈을 다루는 습관'을 물려주는 것을 중요한 가치로 여기고 있다. 돈의 가치, 저축과 투자, 예산 관리, 금융 상품의 이해, 재무 목표 설정, 위험 관리 등 다양한 주제로 금융 교육 프로그램을 다루고 있다.

영국

영국에서는 11세부터 경제 교육을 정규 교과 과정에 정식 과목으로 채택하여 금융 문맹 퇴치에 힘쓰고 있다. 아이들에게 용돈을 계획적으로 사용하도록 교육하고 있다. 용돈도 집안일을 할 때 지급함으로써 어릴 적부터 돈의 소중함을 일깨우고 있다. 영국 정부는 자금연금청을 통해 금융 복리를 위한 국가 전략을 수립하고, 다양한 금융교육프로그램을 운영하고 있다.

금융 교육 현주소

4장

금융의
원초적 이해

1. 금융의 황금 법칙

위험과 수익률의 상충관계(risk-return trade off)

투자에서 더 높은 수익률을 얻기 위해서는 더 큰 위험을 감수해야 한다는 게 금융의 기본 원칙이다. 투자 세계에서 "공짜 점심은 없다 (There is no such thing as a free lunch)"라는 공식이 그대로 적용된다. 위험이 낮으면 그만큼 수익도 낮고, 높은 수익률엔 위험 또한 높다. 우선, 은행의 예금은 원금이 보장되고 위험이 낮다. 초저금리 시대에 인플레이션을 반영한 실질수익률은 제로에 가깝다. 안전한 대신 수익률이 낮다. 채권은 은행보다는 높은 이자를 지급한다. 다만, 채권 발행 회사의 도산 가능성 때문에 상대적으로 예금보다 더 위험하다. 대체로 주식은 채권보다 수익률이 높다. 주식은 예금이나 채권보다 훨씬 변동폭이 크지만, 주가가 상승하면 큰 폭의 수익을 안겨줄 수 있다.

경제학자는 표준편차 개념으로 위험을 측정하고자 했다. 표준편차로 위험을 측정할 때, 분포도(분산)가 적으면 위험이 적다. 분포도가 크다는 말은 위험이 크다는 말이다. 학자들은 수십 년간 통계와 데이터를 사용한 연구를 통해 위험과 수익이 서로 연관돼 있음을 밝혀냈다. 단기적일 때는 위험과 수익 간의 연관성은 희박하다. 장기적으로 보면 위험이 적은 투자는 낮은 수익을 가져다주고, 위험이 높은 투자는 큰 수익을 안겨다 주었다. 결국 투자에서 성공하려면 장기적 관점을 지향해야 한다.

72의 법칙

72의 법칙은 원금이 두 배가 되는 데 소요되는 시간(연수)을 말한다. 그 시간은 투자 수익률에 따라 다르다. 수익률이 높으면 그만큼 시간이 단축된다. 이 법칙은 72를 연간 수익률로 나누면 된다.

표 4-1 72/수익률=원금이 두 배가 되는 시간

수익률(%)	1%	2%	3%	4%	5%	6%	7%	8%	9%	10%
두 배가 되는 시간	72	36	24	18	14.4	12	10.3	9	8	7.2

투자 수익률(이자율) 4%로 원금 5,000만 원을 두 배인 1억 원으로 만들려면 18년(72/4=18)이 걸린다. 8%로 가정하면 9년이 소요된다. 동시에 원금을 2배로 늘리고자 하면 매년 얼마의 투자 수익률로 돈을 굴려야 하는지도 알 수 있다. 예를 들어 현재 3천만 원을 8년 이내에 6천만 원으로 만들고 싶으면 매년 9% 수익을 내야 가능하다. 물가상승률에도 적용 가능하다. 연 3% 물가상승률이면 24년 후 현재 돈의 구매력은 절반이 된다.

100-나이(Age)

'100-나이' 법칙은 연령에 따라 투자 포트폴리오 비중을 조절하는 것을 말한다. 100에서 자신의 나이를 뺀 숫자만큼 위험자산(주식, 펀드)에 할당하고 나머지는 안전자산(예금이나 채권)에 배분한다. 예를 들어 현재 나이가 30세라고 하면 100에서 30을 빼면 70이다. 70%를 위험한 주식에 투자하고, 30%를 상대적으로 덜 위험한 채권에 투자한다. 나이가 60세이면 이제 안정적으로 자금을 관리해야 할 시점이다. 100에서 60을 뺀 40%를 주식에, 60%를 보다 안정적인 채권에 투자하면 된다. 젊을 때는 투자에서 실패해도 만회할 시간이 많으므로 위험자산 비중을 높여 수익성을 추구하고, 나이가 들수록 은퇴와 노후를 위해 안전자산 비중을 늘려 자산 보전에 중점을 두는 전략이 필요하다.

−50=+100

주식 하락으로 50% 손실 나면 100% 상승해야 원금이 회복된다. 예를 들어 100만 원을 투자했는데 50% 하락해 50만 원이 되었다면, 100% 상승해야 원금 100만 원이 될 수 있다. 그만큼 하락으로 인한 손실은 위험하다.

표 4-2 손실 크기와 원금 회복을 위해 내야 할 수익률

손실 크기(%)	원금 회복을 위해 내야 할 수익률(%)
5	5.3
10	11.11
20	25
30	42.85
40	66.66
50	100
60	150
70	233
80	400
90	900
100	회복 불가능

워런 버핏은 두 가지 투자 원칙을 말하고 있다. "첫째, 절대 돈을 잃지 마라. 둘째, 첫 번째 원칙을 절대 잊지 마라"고 했다. 손실은 단순히 자금을 잃는 것에서 끝나지 않고, 일단 손실이 발생하면 복구하기 위해 훨씬 더 큰 수익률과 시간이 요구된다. 장기적으로 자산 성장을 방해하는 것이다.

4% 룰

4% 룰(Rule)은 은퇴 후 자산을 고갈시키지 않고 30년 이상 안정적으로 인출할 수 있는 자금인출 전략이다. 4% 룰은 은퇴자금 관리의 한 방법으로 1994년 재무 설계사인 윌리엄 벤젠(William Bengen)이 제안했다. 은퇴 첫해에 은퇴 자금의 4%를 인출하고, 이후 매년 물가 상승률을 반영하여 인출 금액을 조정하는 방식이다.

경제가 어렵더라도 30년 동안 은퇴 자금을 안전하게 관리할 수 있다고 봤다. 일례로, 은퇴 자금으로 10억을 마련했다고 하면 첫해에는 4,000만 원(10억 원의 4%)을 인출할 수 있다. 이듬해에는 물가상승률이 2%라면 4,080만 원(4,000만 원×1.02)을 인출하는 식이다. 자산은 주식, 채권 등으로 분산 투자하며, 연평균 실질수익률 4% 이상을 가정하고 있다.

2. 자본에 대한 이해

1696년 요한 베르누이는 비탈에서 공을 굴릴 때 가장 빠른 속도로 도달할 수 있는 경로를 물었다. 아무도 정답을 못 찾았지만, 뉴턴이 해답을 풀었다. 사람들은 직선이 가장 빨리 도달한다고 생각하지만, 아니다. 처음에는 그냥 떨어지다가 어느 중간 지점에 더 평탄하게 가는 것이 실제 직선으로 굴러가는 거보다 더 빠르게 도달할 수 있었다. 바로 사이클로이드 곡선(그림 4-1)이다.[1]

그림 4-1 　사이클로이드 곡선

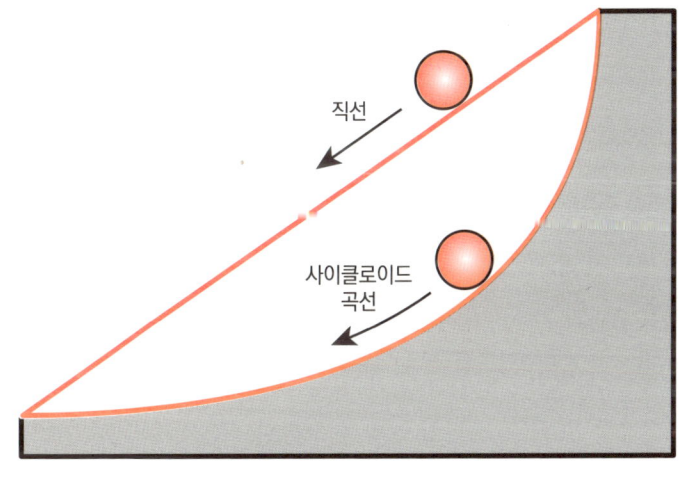

자료: 김경록, 성장이 멈춘 시대의 투자법, p.97

출발할 때는 직선보다 기울기가 더 크지만, 도착점에 가까워지면서 경사면 직선보다 완만한 기울기다. 목적지까지 이동 거리는 직선보다 길지만, 그 소요되는 시간은 더 짧다. 사이클로이드 곡선은 자연계에서 작동하는 중력의 힘을 활용한 것이다. 사이클로이드 곡선은 수학자들에게 "기하학의 헬레네"라고 불릴 만큼 흥미로운 특성을 가진 곡선으로 평가받고 있다. 독수리나 매가 먹잇감을 낚아채기 위해 사용하는 비행경로도 마찬가지다. 중력의 힘을 활용해서 급하강한 뒤 그다음에 옆으로 활강하면 가장 빨리 먹잇감 대상에게 도달하게 된다. 우주가 중력의 작용으로 움직이듯이 자본주의 사회는 자본이 중심이 된다. 자본을 활용해서 수익을 내고, 그다음 좋은 자본 인프라를 활용하면 빠르게 성장할 수 있다. 예금은 안전한 자산이지만, 물가 상승을 고려하면 더 이상 우량한 자본이 아니다. 예금은 필요한 자본을 충분히 증식시키는 길이 되지 못한다. 가진 자본은 중력을 이용해 빠르게 부를 증식시켜야 한다.

자본주의 사회의 동력은 자본이다. 사이클로이드 곡선을 비유한 것은 자본의 동력을 이해하기 위해서다. 예를 들어 처음 1억을 모으기 위해서 5년이 소요된다고 가정하면 두 번째 1억을 만드는 데는 4년, 그다음은 3년과 같이 그 기간이 단축된다. 동시에 1억을 만드는 데 드는 노력을 산술적으로 나타내 처음을 100으로 치면 두 번째 1억은 90, 그다음은 80으로 노력이 점차 감소한다.

부를 창출하기 위해서는 자본의 개념을 알고 활용해야 한다. 자본주의 사회에서 불평등을 집중적으로 다룬 토마 피케티는 《21세기 자본》에서 자본소득 증가 속도가 경제 성장률보다 더 빠르다면서 이에 따라 자본을 소유한 자가 더욱 부유해지며 가난한 자와의 불평등이 심화된다고 하면서 부를 이루는 데는 근로소득보다 주식과 부동산에 투자해 이득을 창출하는 자본소득이 더 크게 작용한다고 지적했다.

3. 복리의 효과

복리의 마술 같은 효과를 설명할 때 자주 인용되는 사례가 맨해튼 구입 사건이다. 1620년 12월, 메이플라워호는 영국 이민자 102명을 태우고 미지의 땅 미국 매사추세츠에 도착한다. 이렇게 영국 청교도들이 신대륙으로 이민을 가서 정착했다. 이 중 피터 미누잇(Peter Minuit)은 미국 원주민에게 오늘날 뉴욕 맨해튼을 겨우 24달러에 매입했다. 오늘날 미국의 상업 도시 중 하나인 맨해튼을 구입하는 데 고작 24달러만 지불한 것은 순진한 미국 원주민에게서 강탈한 것이나 다름없다고 생각할 수 있다. 하지만 다른 시각도 있다. 당시의 24달러를 연간 8%의 복리로 계산하면 405년이 지난 현재 맨해튼 전체 땅값인 약 2조 달러 가치를 훨씬 초과한다는 시각이 있다. 일부 학자는 이 거래에서 이득을 본 사람은 오히려 미국 원주민일 수 있다고 주장한다.

적은 돈이라도 오랜 기간이 지나면 원금과 이자에 이자가 붙어 엄청난 액수로 불어난다. 한 살이라도 젊었을 때 자산관리를 시작해야 하는 이유다. 복리는 시간과 상호 작용하여 마법 같은 효과를 만들어 내고 있다. 한 기자가 천재 물리학자인 알베르트 아인슈타인에게 역사상 가장 위대한 발명품이 무엇이라고 생각하느냐고 질문했다. 이에 아인슈타인은 '복리'라고 답한 적이 있다. 복리는 투자시장에 있어 가장 중요한 원리로 통한다. 젊을 때부터 복리의 개념과 그 효과를 정확히 이해하고, 일찍 투자자산에 신경 쓴다면 먼 훗날 엄청난 자산을 증대시켜 나갈 수 있다. 워런 버핏은 포천(Fortune)지와의 인터뷰에서 "미국에서 살고 있는 것, 좋은 유전자를 물려받은 것 그리고 복리의 힘이 합쳐져서 부를 이룰 수 있었다."라고 말했다. 복리를 통한 재산 증식 흐름은 1, 2, 3, 4, 5처럼 일정량의 동일한 정수로 늘어나는 단리와 달리, 1, 2, 4, 8, 16과 같은 배수로 늘어난다. 복리는 선형적으로 증가하는 것이 아니라 비선형적으로 시간이 지날수록 가파르게 상승한다 (그림 4-2).

그림 4-2 복리 효과

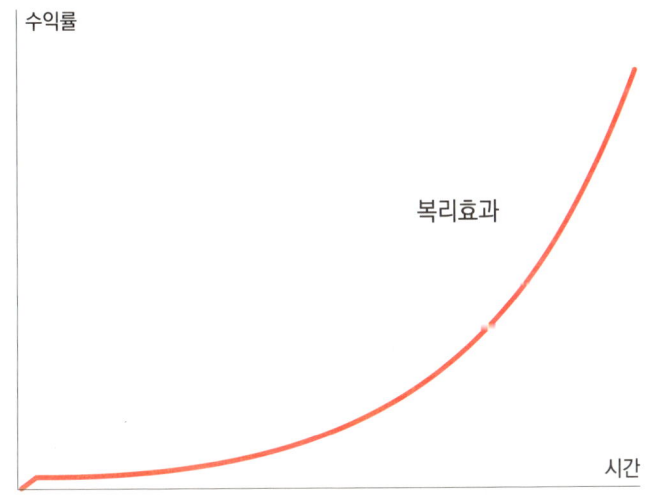

김승호 회장은 "우리 삶에 자연스럽게 스며들어 가장 큰 영향을 끼친 두 가지가 비누와 복리다. 비누가 발명된 후 개인위생이 개선되며 인간 수명이 비약적으로 늘어났으며 복리가 발명된 후 부의 이동이 수없이 일어났다"라고 말했다. 복리는 빚에도 동일하게 적용된다. 자금을 차입, 투자해 수익을 극대화하고자 하지만, 징직 낮은 수익률로 금

융 이자를 감당 못 하는 경우가 있다. 이로 인해 장기간 시간이 지나면 빚 때문에 더욱 가난해진다. 로버트 기요사키가 도널드 트럼프와 공동으로 집필한 《기요사키와 트럼프의 부자》에서 나온 말이다. "세계 10%의 채무자는 빚을 이용해 부자가 되지만, 나머지 90%의 사람들은 빚 때문에 더욱 가난해진다." 그만큼 장기간의 빚은 극히 위험하다.

성공적인 자산관리는 젊을 때부터 일찍 시작하는 게 좋다. 연수익률 6%를 가정하고, 원금 1천만 원, 5천만 원, 1억 원별로 10년, 20년, 30년, 40년, 50년 후 모인 금액을 계산해 보았다. 복리 이자를 가정하고, 매년 이자를 재투자하기로 했다. 기간별 자산 변화는 〈표4-3〉과 같다.

표 4-3 기간별 자산 규모 변화

기간/금액	1천만 원	5천만 원	1억 원
10년	1,791	8,957	17,914
20년	3,207	16,034	32,068
30년	5,743	28,714	57,429
40년	10,286	51,429	102,857
50년	18,420	92,100	184,200

연수익률: 6%, 단위: 만 원

$FV = PV(1+r)^n$ (FV: 미래가치, PV: 현재가치, r: 운영수익률, n: 기간)

원금(저축액), 수익률, 투자 기간에 따라 복리 효과가 달라진다. 자산 증식이 가속화되기 위해서는 20년 이상의 기간이 좋다. 30년, 40년이면 자산이 폭발적으로 증가한다. 부의 비밀이 복리에 숨겨져 있다.

4. 인플레이션에 따른 자산 가치의 변화

인플레이션(화폐가치 하락)을 이해하는 것은 투자의 핵심이다. 자산 가격은 자본생산성과 화폐 가치가 연동돼 상승과 하락이 결정된다. 인플레이션이 자산 가격을 증가시키는 효과가 있다. 동시에 인플레이션이 지속되면 화폐가치가 하락하게 돼 구매력이 감소한다. 투자자는 구매력을 보전하기 위해 예금이나 채권을 벗어나 우량한 주식이나 부동산에 자산을 배분해야 한다.

인플레이션은 예전부터 언제 어디서나 일어나는 현상이다. 화폐 가치 등락을 기준으로 인류의 역사 2,000년을 분류하면 인플레이션 시기가 90% 이상이었고, 디플레이션 기간은 10% 미만이었다.[2] 로마가 역사 속으로 사라진 요인은 화폐 남발에 의한 장기간 물가 상승에 있다는 시각이 지배적이다. 1920년대 독일 바이마르공화국이 멸망한 가장 직접적인 이유도 제1차 세계대전 패전으로 보상금을 지급하느라 급격한 통화량 증가에 따른 초인플레이션에 있다. 역사적으로 나타난 초인플레이션 현상은 모두 통화 공급이 폭발적으로 증가할 때 발생했다. 밀턴 프리드먼은 "인플레이션은 언제나 어디서나 화폐적 현상이다."라고 했고, 워런 버핏은 "인플레이션은 정치적 현상이다"라고 말했다.

현대 금융사에도 인플레이션은 반복해 일어났다. 2차 세계대전 이전에는 인플레이션이 전반적으로 나타나지 않았으나, 2차 세계대전 이후에는 인플레이션이 만성적으로 발생했다. 2008년 글로벌 금융 위기 때도 미국을 비롯하여 중국, 일본, 유럽 등 세계 주요국에서 통화량이 급속도로 증가했다. 2020년 코로나 팬데믹 때도 엄청난 규모로 통화량이 시장에 방출되었다. 통화량 증가는 화폐가치를 하락하게 만들어 구매력을 떨어지게 하지만, 주식이나 부동산 같은 실물 자산 가격을 높이는 효과가 나타난다. 여기서 우리는 투자자산을 예금이나 채권보다는 주식과 부동산에 더 중심을 두어야 하는 교훈을 얻을 수 있다.

미국은 1971년 금본위제를 폐지하고 통화량으로 경기를 조절하고 있다. 경기가 과열되었다고 판단되면 금리를 올려 통화량을 거두어들이고, 경기가 냉각되었을 때는 금리를 인하해 경기를 부양하는 정책을 펴고 있다. 화폐 가치 안정을 통해 물가를 안정적으로 추구하는 정책 성향을 '매파'로 지칭하고, 반면 저금리를 통해 통화량을 증가시켜 경기를 지속적으로 부양하는 정책을 '비둘기파'로 부른다.

주식과 부동산은 화폐량과 깊은 상관관계에 있다. 통계에 따르면 인플레이션(0~6%)이 낮거나 중간 수준으로 진행되면 주식이 최선의 자산 보호 수단이 되고, 인플레이션이 6% 이상 넘으면 부동산과 원자재가 주식보다 수익률이 좋다는 연구가 있다.[3] 이런 현상은 미국, 중국, 일본, 한국 모두 적용된다. 통화량 증가로 인한 화폐가치 하락 속도는 은행 예금 이자율을 훨씬 능가한다. 현금, 예금에만 있지 말고, 주식이나 부동산 등 실물 자산에 머물러 자본이 일하게 만들어야 한다. 한편, 화폐량 공급이 확대되면 화폐는 자산을 낳이 소유한 자에게로 더욱 집중적으로 흘러간다. 인플레이션은 실물 자산이 없는 자의 자산을 실물 자산을 가진 자에게 계속 이전시키는 경향을 보인다. 이와 같이 경제적 양극화를 심화시키는 부작용을 일으킨다.

5장

금융 위기의
역사

1. 미국의 3대 경제 지표

미국에서 가장 중요하게 여기는 경제지표 3가지가 있다.

첫째, 구매관리자지수(Purchasing Managers' Index, PMI)다.

미국의 ISM(Institute for Supply Management, 공급관리자협회)에서 만드는 지수다. 제조와 서비스 부문의 구매 담당자들을 대상으로 설문조사를 실시하여 현재 경제 상황과 향후 경제 전망을 파악한다. 신규 주문, 생산, 고용, 공급자 운송 시간, 재고 등 5가지 구성요소를 바탕으로 산출된다. PMI가 50을 기준으로, 50보다 높으면 해당 산업 또는 경제 전반의 경기가 확장 국면에 있다고 해석하고 50보다 낮으면 위축 국면에 있다고 본다. GDP, 고용 등 다른 거시경제 지표들보다 먼저 발표되는 경향이 있어, 향후 경제 흐름을 예측하는 데 매우 유용하게 활용된다.

둘째, 소비자물가지수(Consumer Price Index, CPI)다.

가계가 소비하는 재화와 서비스의 평균 가격 변동을 측정하는 경제지표이다. CPI는 물가 상승률(인플레이션)을 나타내는 주요 지표로 사용된다. 미국 정부와 중앙은행은 CPI를 참고하여 금리 조정 등 경제 정책을 수립한다. CPI 상승은 화폐 구매력 감소를 의미하는 것으로 채권 가격과 부동산 시장에 영향을 주고 있다.

셋째, 비농업 고용자 수(Non-farm payroll)가 있다.

미국의 고용 상황을 알 수 있는 실제 지표이다. 고용 지표는 경제와 정책에 많은 영향을 준다. 그 결과 금리에도 큰 영향을 미치고 있다. 물가와 연준의 금리 정책에 중요한 자료로 사용되기에 채권 투자자들이 관심을 많이 가지고 있다.

그 외에도 미시간 대학교와 콘퍼런스 보드에서 발표하는 소비심리지수(Michigan Consumer Sentiment Index, MCSI)가 있다. 500명의 일반인을 대상, 전화 설문으로 50개 질문에 답하도록 하고 있다. 미국 GDP의 약 70%를 차지하는 소비 지출을 예측하는 데 사용된다. 이 지수는 소비 동향과 경기 전망을 파악하는 데 중요한 역할을 하며, 경제 성장이나 침체의 선행 지표로 사용되고 있다.

이러한 지표들은 연방준비제도(Fed)의 통화 정책 결정에 큰 영향을 미치며, 투자자들이 경제 동향을 파악하고 투자 결정을 내리는 데 중요한 정보를 제공하고 있다. 좀 더 빠르게 정보를 알 수 있으면 그만큼 돈을 벌 수 있는 것이다. 이런 사람들의 욕구를 충족시키기 위해 글로벌 시장조사 기관인 IHS 마킷은 매월 ISM 제조업지수를 발표하기 전에 자체적인 조사를 통해 PMI 지수를 미리 발표하기도 한다.

이런 전통적인 경제지표에 대한 중요성이 갈수록 약해지고 있다고 지적하는 사람도 없지 않다. 이들은 사람들에게 설문 조사에 근거해 발표하는 자료보다 구글의 빅데이터나 AI 기술로 조사하면 남들보다 '더 빠르고 더 정확한 정보'를 얻는다고 말한다. 그럼에도 미국에서 발표되는 3대 지표는 매우 중요한 역할을 하고 있다. 미국은 세계 경제 금융시장의 중심부이다. 전 세계 주식 시가 총액의 50% 전후를 차지하고 있어 여전히 세계 투자자들이 촉각을 세우고 지켜보고 있다.

2. 금융 위기 사건들

IMF 외환 위기(1997년)

    1990년대 초 엔화 강세로 우리나라 대기업 수출이 호조를 보이고 특히 반도체 시장에서 든든한 버팀목 역할을 했다. 그러한 가운데 1996년부터 엔화 약세로 인해 일본은 수출 호황을 누렸고, 우리나라는 반도체 불황 및 기업들의 수출 감소로 어려움에 직면하게 되었다. 우리 경제가 수출을 통해 외화를 충분히 벌어들이면 어느 정도 외환을 비축할 수 있지만, 경기 불황으로 수출길이 막히게 된 것이다.

    여기에 1996년 OECD 가입 후 우리나라는 자본시장이 개방되자 외국 자금이 국내로 빠르게 유입되게 된다. 국내 기업들은 외화 차입을 통해 투자를 늘려 나갔다. 국내 금융회사들은 외화 자금을 단기로 저렴하게 조달해서 국내 기업에 장기로 대출해 준다. 그러한 과정에 대출의 장단기 미스 매칭(불균형)이 발생하게 된다. 그런 와중에, 1997년 중반부터 해외 신흥국인 태국과 인도네시아는 외환 위기를 맞게 되고, 그 영향은 우리나라에도 미치게 되었다. 외국인 투자자나 금융권은 한국과 같은 신흥국 투자에 불안감을 느껴 투자를 꺼리게 되었고, 결국 단기 외채를 연장하지 않고 회수하기에 이르렀다. 외환 환율은 급격한 강세를 보이기 시작하고, 외환 당국은 급격히 오른 환율을 진정시키기 위해 외화 보유고를 방출하여 환율 방어에 나선다. IMF 당시는 관리변동환율제로 환율을 안정적으로 관리하였다. 급격히 상승하는 환율을 방어하기 위해 외환보유고에 있는 달러를 인출해서 외환

시장에 방출하여 환율을 안정시키려 했다. 환율 방어는 실패하고 국내 가용외환보유고는 큰 폭으로 줄게 되었다. 도저히 외환 부족을 감당하지 못하자 1997년 11월 국제통화기금(IMF)에 긴급 구제금융을 신청하면서 소위 'IMF 외환 위기'가 시작되었다. 주식은 폭락했고, 환율은 급등했다. 1997년 8월 국내 코스피 지수가 757.19에서 1998년 6월엔 280선까지 급락하여 주가가 63%까지 하락했다. 많은 기업이 파산하고, 실업률은 급속히 증가했다.

정부의 금리 인하와 재정 지출 확대, 신용카드 발급 확대 같은 경기 부양책 덕분에 소비와 투자가 회복되었다. 무역 수지가 흑자로 전환하고 외국인 투자가 증가해 외환 보유고가 늘어났다. 한국 정부는 IMF로부터 구제금융을 받기 위해 대규모 구조조정과 금리 인상 등 여러 조건을 수용해야 했다. 금융 시장에서는 보다 엄격한 규제와 감독이 도입되었다. 그 결과 2001년 8월에 한국은 IMF 긴급 자금을 상환하게 되었고, 다시 경제 주권을 회복했다. 외환 위기는 한국 경제에 큰 충격을 주었고, 아직도 그 후유증은 여전히 남아 있다.

닷컴 버블(2000년)

닷컴 버블이 일어나기 수년 전, 1997년 말 한국은 IMF로 고금리, 고환율이 지속되고 있었다. 당연히 금리가 낮은 외국 자본이 금리가 높은 국내에 유입하게 되자 달러 약세 및 원화 강세가 나타나게 된다. 원화 강세로 수출이 저조하게 되고, 여기에다 내수를 부양하기 위해서 금융당국은 금리를 인하했다.

해외 시장을 보면 1997년 중반에 태국, 인도네시아가 위기였고, 1998년엔 러시아에서, 1999년엔 브라질과 아르헨티나에서 위기가 발생한다. 일본, 중국 역시 경제가 침체 일로에 있었다. 1998년 하반기 들어 미국은 LTCM 헤지펀드의 파산 위기가 있었지만, 그나마 미국 경제는 견조했다. 미국을 제외한 대부분 국가가 경제적으로 어려운 상황에 놓이게 된다. 미국은 신경제를 맞이하면서 기술주를 중심으로 나스닥 시장이 급등했다. 인터넷이라는 신기술이 미국의 강한 성장을 이끌었다. 하지만, 미국은 다른 국가들의 위기 상황이 영향을 미칠지 우려한 나머지 금리를 인하하게 된다. 그러자 미국 주식시장은 큰 폭으로 상승하게 되었고, 과열로 이어졌다. 자산 가격이 상승하고 물가도 상승하게 된다. 이에 연준은 1999년 하반기부터 금리 인상을 단행하게 된다.

당시 사회 분위기는 Y2K 문제로 어수선하였다. 1999년에서 2000년으로 바뀌면서 2000년 인식 오류(Y2K)로 전 세계 금융 전산망이 마비되고 원자력 발전소 통제 불능, 여객기 추락 등 인류의 재앙이 닥칠 것이라는 두려움이 있었다. 당시 경기 과열로 시장에서는 금리 인상을 예상했으나 Y2K에 대한 두려움으로 결국 기준 금리를 동결하게 된다. 금리가 동결되자 기술주 중심의 나스닥 지수는 큰 폭으로 급등했다. 1999년 이후 주식시장은 상승했는데 Y2K 문제가 해소된 2000년 초에 더욱 과열된 것이다. 이에 연준은 과열된 시장을 진정시키기 위해 적극적으로 금리를 인상하기 시작했다.

1990년 후반 인터넷과 IT 기업들이 급격히 성장하자, 투자자들이 큰 수익을 기대하면서 무분별하게 투자했다. 기업들의 실제 가치보다 주가가 과대평가되었고, 많은 닷컴 기업이 명확한 수익 모델 없이 성장 가능성만으로 높은 평가를 받아 왔다. 결국 인터넷 기업들은 실제 수익으로 연결시키지 못했고, 이에 투자자들의 신뢰를 잃게 되었다. 많은 인터넷 기업들이 수익을 내지 못하고 파산했다. 영원할 것 같은 나스닥 상승세는 2000년 3월 10일을 기점으로 무너지기 시작했다. 2000년 초에 나스닥 지수가 5,000포인트 선까지 상승했지만, 2002년 10월에는 1,100포인트 수준까지 하락하게 되어 고점 대비 78% 하락했다. 주식 하락은 자산 가격 급락으로 연결되었고, 실물 경제에 부담을 주고 경기 침체로 이어지게 되었다.

　2000년 버블 붕괴는 아무리 신산업 신경제라고 하더라도 실제 수익이 뒷받침되지 않은, 미래 성장 기내만의 과도한 투자가 얼마나 무모하고 위험한가를 알게 해 주었다. 금융 시장에서는 기업의 기본 가치에 기반한 투자 전략과 철저한 기업 평가의 중요성을 다시 한번 일깨워 주는 계기가 되었다. 한편, 미국 증권거래위원회(SEC)는 기업의 회계 투명성을 높이기 위해 규제를 더욱 강화했다.

글로벌 금융위기(2008년)

　2008년 3월 베어스턴스가 금융 위기에 처하게 되었다. JP모건은 베어스턴스 인수를 원치 않았지만, 시장의 파장을 우려한 미국 정부의 강력한 설득으로 결국 인수하게 된다. 2008년 9월에는 미국 내 3위

은행인 메릴린치가 뱅크오브아메리카에 인수되었고, 세계 1위 보험회사였던 AIG 또한 구제금융을 받지 않으면 파산 신청할 수밖에 없는 지경에 이르게 된다. 그러한 가운데 2008년 9월 15일, 리먼 브라더스가 파산 신청을 하게 되면서 결정적 위기가 찾아오게 되었다. 그러자 금융시장은 충격에 휩싸이게 되었고, 투자자들은 불안을 느낀 나머지 예금했던 돈을 인출하는 뱅크 런이 시작되었다.

글로벌 금융 위기는 복합적 요인들로 발생했지만, 가장 주된 원인은 서브프라임 모기지 사태였다. 미국의 금융기관들은 신용등급이 낮은 개인들에게 고위험 주택담보대출을 무분별하게 제공했다. 이러한 대출은 주택 가격 상승과 맞물려 거품이 형성되었고, 이후 주택 가격이 하락하면서 대출 부실이 급증했다. 금융기관들은 서브프라임 모기지를 기초로 한 복잡한 금융 상품을 대량으로 발행해 판매했지만, 이러한 상품들의 위험이 제대로 평가되지 않았다. 결국 금융 시스템 전체에 큰 충격을 주었고, 금융 위기가 되었다.

주식시장은 큰 폭으로 무너졌다. 미국 S&P500 지수는 2007년 10월 최고점에서 2009년 3월 최저점까지 약 57% 하락했다. 2007년 10월 코스피는 2,000선이었으나 2008년 10월에는 900선이 무너졌다. 2008년 글로벌 금융위기로 폭락한 주식은 2009년 3월부터 본격적으로 회복하기 시작해 코스피 지수는 2011년 초에, S&P500 지수는 2013년 초에 금융위기 이전 수준으로 되돌아왔다.

한편, 미국 국채는 일반적으로 안전자산으로 간주돼 미국 국채로 돈이 몰려 국채 금리가 하락하게 되지만, 글로벌 금융위기 때에는 오히려 미국 국채 금리가 오르는 기현상이 나타나게 된다. 한국에 투자한 외국인들이 자산을 매각하여 달러를 확보하려 하자 원화 가치는 큰 폭으로 하락(환율 급등)하게 된다. 환율은 2007년 10월 달러당 900원 수준이었으나 2009년 3월에는 달러당 1,600원 수준까지 급등했다.

이러한 상황에서 국내에 투자한 외국 자본이 유출되면 외화가 더욱 부족하게 돼 금융위기로 전환될 수 있기에 금융당국은 금리를 높게 할 수밖에 없었다. 2008년 10월, 그나마 한미 통화 스와프가 체결이 돼 외화보유액을 유지할 수 있었다. 이로 인해 다행히 환율이 하락하였고, 국내 금융 위기가 진정되었다.

금융 위기는 실물 경제 위기로 이어져 급격한 경기 침체를 일으켰다. 금융 위기의 영향은 전 세계적으로 나타났다. 주요 선진국들의 경제 성장률이 급격히 감소하고, 실업률이 급증했으며, 국제 무역량도 감소했다. 특정한 나라가 아닌 전 세계가 경제적 어려움에 직면하게 되었고, 대공항 이후 세계 경제는 최대 위기를 맞이했다. 많은 국가가 경제적 어려움을 겪었고, 각 국가 정부는 대규모 경기부양책을 통해 위기를 극복하고자 했다. 금융 시스템의 취약성이 금융 위기를 초래한다는 사실과 동시에 금융시장에 대한 감독과 규제의 중요성도 재인식하게 되었다.

코로나19 팬데믹(2020년)

　코로나19 팬데믹은 글로벌 경제에 큰 충격을 주었다. 주식 시장이 급락하는 등 경제적 불확실성이 높아졌다. S&P500 지수는 2020년 2월 중순부터 3월 말까지 약 34% 하락했고, 국내 코스피 지수도 2020년 1월 말 기점으로 3월 말까지 약 20% 하락했다. 이후 각국 정부는 충격을 완화하고자 대규모의 경기 부양책을 단행하게 된다. 미국 중앙은행은 2020년 4월에 2조 2,000억 달러와 동년 12월에 9,000억 달러를 공급한다. 다시 2021년 3월에는 1조 9,000억 달러를 추가 공급하게 된다. 세 차례에 걸쳐 총 5조 달러에 이르는 달러를 공급하였다. 금융 위기 때 은행 자본 투입을 위해 진행되었던 메가톤급 부양책인 TARP의 금액이 7,000억 달러 수준이었던 것을 고려하면 엄청난 규모의 부양책이 진행되었음을 알 수 있다.[1] 이런 미국 중앙은행의 금리 인하로 인해 풍부해진 유동성이 자산 가격의 증가로 이어졌다. 폭락을 거듭하던 각국 증시도 2020년 3월 말부터 빠르게 회복하기 시작했다. 불과 얼마 지나지 않아 2020년 6월에 코스피 지수가, 동년 8월에는 S&P500 지수가 팬데믹 이전 수준까지 회복하게 되었다. 그러나 금융시장에서는 여전히 높은 변동성을 보이고 있었다.

　코로나19 팬데믹은 금융시장에 많은 변화를 가져왔다. 금융 안전자산 선호 현상으로 인해 단기 국채 금리는 하락했지만, 장기 국채 금리는 상승하는 경향을 보여 신용 스프레드가 크게 확대되었다. 많은 기업이 자금 조달에 어려움을 겪었으며, 신용등급 하락과 함께 채권 발행이 감소하는 등 자금 시장의 경색이 나타났다. 이에 각국 중앙은행들은 유동성 공급을 확대하고, 양적 완화 정책을 통해 금융시장을 안정시키기 위해 노력했다. 미국 연준도 대규모 양적 완화를 통해 시장에 유동성을 공급했다.

주식시장에서는 기술주와 제약주 강세가 두드러졌다. 팬데믹 동안 사회적 단절로 온라인 활동이 증가하면서 빅테크 기업들이 호황을 누렸다. 마이크로소프트, 애플, 아마존 등 기업들의 실적이 호조를 보였고, 주가도 큰 폭으로 상승했다. 또한 새로운 변이 바이러스에 대처하기 위한 백신 개발로 제약주 또한 주가 상승을 이끌었다. 철저한 개인 위생 관리와 마스크 착용이 일상생활로 자리 잡혔다. 이와 같이 우리 삶에 많은 도전과 불편을 가져왔지만, 동시에 새로운 기회와 적응의 필요성을 일깨워 주었다.

트럼프 관세정책(2025년)

트럼프 미국 대통령이 강경한 관세 정책을 발표하면서 세계 경제 침체 우려가 확산하고 있다. 2025년 4월 5일, 미국 최대 은행 JP모건체이스는 올해 미국 성장률 전망치를 당초 1.3%에서 1.6% 포인트 내린 -0.3%로 하향 조정했다. 세계적으로 유례가 없는 관세 발표 후 3일과 4일 이틀 동안 미국 주식시장 시가총액은 약 9,600조 원(6조 6,000억 달러)이 증발했다. S&P500의 4월 4일 하루 낙폭(-6%)은 2000년 닷컴 붕괴(-5.8%)나 9.11테러 당일(-4.9%)보다 컸다. 아시아 증시도 영향권을 피해 가지 못하고 대폭락했다. 4월 7일 아시아 증시는 블랙먼데이였다. 국내 코스피는 -5.57%, 일본 닛케이225는

-7.83%, 중국 항셍은 -13.22%, 대만 자취엔은 -9.70% 하락했다.

과격한 관세는 미국 물가 상승과 소비 둔화로 이어져 경기 침체를 불러 올 수 있다. 증시는 폭락했다. 미 달러 가치도 하락했다. 경제가 불확실할 때 안전자산인 금 수요가 늘어 금값이 상승해 왔지만, 금까지 팔아 현금을 확보하기에 바쁜 형국이었다. 비트코인 가격도 주식과 마찬가지로 폭락 장세를 이어갔다. 미 국채 10년물 금리 역시 급락해 향후 경기 침체 우려라는 어두운 전망이 시장을 뒤덮었다.

트럼프 대통령은 자신의 소셜미디어 트루스소셜에서 제롬 파월 미국 연준(Fed) 의장에게 금리를 내릴 것을 압박하는 메시지를 남겼으나 제롬은 "연준의 임무는 장기적인 물가 기대 심리가 안정적으로 유지되도록 관리하고, 한 차례의 물가 상승이 지속적인 인플레이션 문제로 나타나지 않도록 통화 정책을 운용하는 것"이라고 반박했다. 트럼프 대통령은 관세정책 발표 후 주식시장이 폭락을 거듭하는 가운데 파월 의장에게 금리를 내리라고 재차 압박했지만, 제롬 Fed 의장은 트럼프의 관세 인상이 예상보다 커 물가 상승과 성장 둔화를 초래할 위험이 있다고 경고하면서도 아직은 미국 경제 상황이 여전히 좋은 상태로 평가하며 금리 인하를 더 지켜보고 결정하겠다는 입장을 고수한 것이다.

트럼프의 목표는 관세를 올려 미국 제조업을 부흥하고 무역 적자를 해소하려는 것이다. 달러 가치 약세를 용인한다. 달러 약세가 수출 시장에서 미국 제품 가격 경쟁력을 높이게 된다. 트럼프의 기대와는 달리 미 달러 가치 약세와 낮은 국채 금리는 미국에 부메랑이 될 가능성이 높다. 관세 인상으로 물가가 오르고 결국 고용과 투자 감소로 이어질 것이란 전망이 우세하다. 시장은 트럼프의 유연한 시장 정책을 기대했지만, 트럼프는 관세 전쟁이 경제 혁명이라며 버텨내라고 강행 의지를 내비쳤다.

세계 50개국에서 관세 협상을 위해 트럼프와 협상을 시도하기 위해 나서고 있다. 그러한 가운데 미국과 중국 간 '관세 치킨 게임'이 격화되는 양상이다. 2025년 4월 트럼프가 중국에 34% 관세를 부과하자 중국도 미국 수입품에 대해 34% 관세를 곧바로 부과하면서 대응했다. 미·중이 서로 양보와 타협 없이 34% 관세를 강행한다면 세계 경제에 미치는 영향은 상당할 것이다.

트럼프 관세로 인한 후폭풍도 뒤따를 수 있다. 세계 정치적, 경제적 헤게모니가 변할 수 있음도 배제할 수 없다. 미국을 중심으로 한 자유주의 진영 동맹 체제가 균열 조짐을 보인다. 유럽 등 주요국 기업들의 친중국 움직임도 감지된다. 미국에 대한 신뢰를 잃어버린 개도국에서 중국과의 연대를 시도하려 할 것이다. 중국은 첨단 기술 산업 생태계를 강화하여 독자 생존을 모색할 수 있다. 국제 무대에서 중국 영향력은 더 커질 수 있다.

이제 미국의 무역 적자와 재정 적자는 임계점에 왔다. 국제통화기금(IMF)에 따르면 미국 정부의 총부채는 2001년 5조 6,239억 달러에서 2024년에는 35조 2,946억 달러로 7배나 늘었다. 미국의 무역적자 규모는 1조 9,000억 달러(약 2,792조 원)다. 트럼프는 이러한 쌍둥이 적자를 심각한 문제로 보고 있다. 트럼프의 관세 폭탄도 무역적자를 해소하기 위한 자구책 일환이다. 트럼프 경제 정책의 핵심은 미국이 글로벌 기축통화국으로서의 지위를 확보하면서 저금리와 약달러를 유도해 미국의 수출경쟁력을 높이고 미국을 다시 제조업 강국으로 만드는 방안을 제시한 것이다.

트럼프의 관세 정책이 단기적으로는 미국으로의 수입이 감소하고, 자국에서 생산하는 물건이 많아 미국 GDP가 성장해 미국 이익에 부합하지만, 다른 나라는 수입 물가 상승과 침체로 이어지고 세계적인 불황을 초래할 수 있어 결국 장기적으로 보면 미국 경제가 부메랑으로 악영향이 될 것으로 전망된다. 그땐 미국의 경제 거품은 결국 터지고, 전 세계 경제는 메가톤급 충격을 받을 수밖에 없다. 그야말로 세계적 불확실성이 그 어느 때보다 크다.

3. 금융 위기에서의 교훈과 시사점

　금융 위기 때마다 주가는 급락했다. 손실을 본 사람들 대부분은 공포를 느끼고 급락하는 주식시장을 빠져나갔다. IMF 외환위기 때는 주가가 6개월 만에 회복하기 시작해 1년 만에 IMF 위기를 극복했다. 2008년 글로벌 금융위기 때도 한국 코스피가 500까지 떨어져 회복하는 데 최소 5년은 걸릴 수 있다고 예측하는 사람도 있었지만, 2년 후부터 회복 단계로 들어섰다. 코로나19 사태도 전 세계를 공포로 몰아넣으면서 전례 없는 위기로 간주됐지만, 불과 1년도 채 안 되어 반등했다. 힘들고 어려운 시기는 머지않아 끝이 있었다.

　큰 위기가 오면 그 위기가 끝없이 지속될 것 같아 사람들은 공포심을 견디기가 쉽지 않다. 결국 투매로 연결된다. 일시적인 하락은 감내하며 시장에 머물러야 한다. 위기는 끝이 있고, 반등은 오기 마련이다. 인내의 시간은 생각보다 길지 않다. 인내의 끈을 놓지 않고, 희망과 용기를 가져야 한다. 주식에 대한 이득은 인내에 대한 보상이다.

　역사적으로 볼 때 위기는 기회였다. 지금 눈앞에 보이는 위기는 더할 수 없는 기회였다. 예측 불가능한 위기는 앞으로도 언제든지 일어날 수 있다. 위기는 항상 되풀이된다. 급락한 주식은 매도하지 말고, 오히려 우량 주식을 매입하는 기회로 봐야 한다. 경쟁력 있는 기업을 발굴하여 훗날 호황기에 주가 상승으로 자본 이득을 누려야 한다. 좋은 기업을 찾아 주식시장에 진입하는 사람이 덜 위험하나. 성사 위험한 것은 주식시장이 호황일 때 투자하는 것이다.

　과거 1985년에서 2005년까지 20년간 S&P500 지수의 연평균 수익률은 11.9%였다. 그러나 이 기간 실제 투자자들의 연평균 수익률은 3.9%에 불과했다. 연구 결과 주식시장이 하락세를 보일 때 대부분의 투자자는 주가 하락이 영원히 계속될 것이라 믿고 도망가기 때문이라고 결론을 내렸다.[2] 주식시장을 떠나지 않고 머물러야 한다. 오래 기다리면 축제의 장에 들어갈 수 있다. 금융시장에 대한 메커니즘을 알고 반드시 반등의 기회가 온다고 믿고 인내해야 험난한 주식시장에서 이길 수 있다.

6장

자산 종류와
기업 분석

1. 자산의 종류

주식

주식은 기업을 소유하고, 그 경영에 지분으로 참여하고 있음을 의미한다. 기업이 이익이 나면 그 이익은 주식을 가지고 있는 소유자에게 귀속된다. 주식을 사고판다는 것은 회사를 사고파는 일이라 볼 수 있다.

역사적으로 보면 주식은 다른 투자자산과 비교해 볼 때 가장 높은 수익을 나타내고 있다. 1802년~2012년(210년간)에 걸친 미국 주식, 국채, 금, 달러의 실질 총수익률을 그림에서 살펴보면 주식 수익률이 연수익률 6.6%로 장기 국채 3.6%, 단기 국채 2.7%, 금 0.7%, 달러 -1.4%보다 높았다.[1] 다만, 주식은 단기적인 변동성 폭이 크기에 문제는 주식시장의 높은 변동성을 극복하는 데 있다. 주식은 장기적으로 보유할수록 수익률 하락 리스크가 적고, 수익의 실현 가능성은 더욱 높아진다.

주식은 부동산과 마찬가지로 장기적으로 보면 인플레이션을 방어할 수 있는 믿을 만한 대안이 된다. 1973년과 1974년, 미국에서는 인플레이션으로 구매력이 37%나 하락하였는데 주식 가격도 22%가 떨어졌다. 단기적으로 주식은 물가를 보호하지 못한다. 하지만 장기적으로는 헤지를 한다.[2] 인플레이션이 발생하면 제품을 만드는 원자재 가격이 오르고 결국 제품 가격 상승을 초래한다. 상승한 제품 가격으로 기업의 매출이 늘어나고, 다시 그 기업의 주가가 오르게 된다.

그림 6-1 미국 주식, 장기 국채, 단기 국채, 금, 달러의 실질 총수익률, 1802~2012년

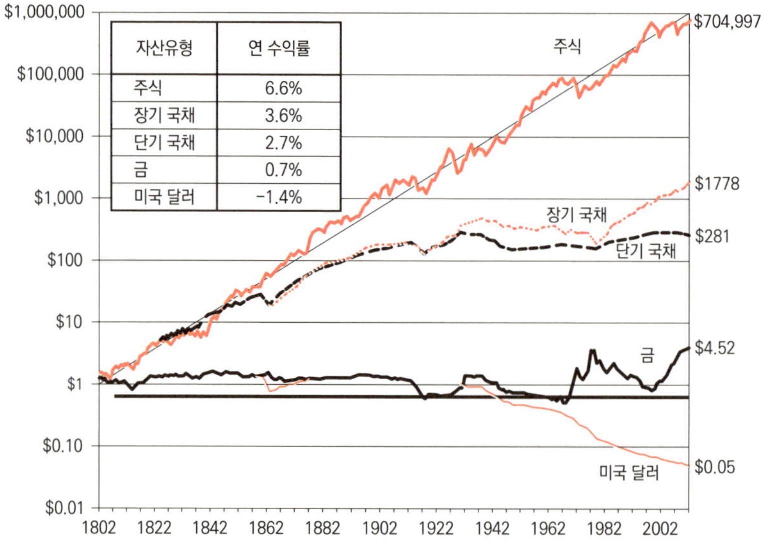

자산유형	연 수익률
주식	6.6%
장기 국채	3.6%
단기 국채	2.7%
금	0.7%
미국 달러	-1.4%

자료: 제러미 시겔, 주식에 장기투자하라, P.120

주식은 장기적으로 투자해야 변동성을 줄이면서 높은 수익을 낼 수 있고, 인플레이션도 방어하는 투자군임을 알 수 있다. 그래서 자산을 증식시키기 위해서는 주식이 포함된 포트폴리오가 중심이 되어야 한다.

채권

채권은 정부, 공공단체, 기업 등이 발행 주체가 되어 자금을 조달하기 위해 발행하는 일종의 채무 증서이다. 채권은 만기 전이라도 유통

시장에서 거래할 수 있다. 다만 만기까지 가져가면 약정된 이자와 원금을 받는다.

채권의 종류가 다양하다. 발행 주체에 따라 국채, 지방채, 특수채, 회사채가 있다. 이자 지급 방식에 따라 채권의 권면에 이표가 붙어 있어 정기적으로 이자를 지급받는 이표채가 있고, 액면가에서 할인된 가격으로 살 수 있는 무이표채 혹은 할인채(미국에서는 제로쿠폰 채권이라 명칭 하기도 한다)가 있다. 이자율 변동 여부에 따라 확정금리부채권과 변동금리부채권으로 분류할 수 있다. 보증 유무에 따라 정부 또는 금융기관이 원리금 지급을 보증하는 보증채와 보증이 없는 무보증채가 있다. 채권 펀드도 많이 출시돼 있다. 그 외 다양한 채권을 골라 보유하는 채권 인덱스펀드와 ETF가 있다. 일반적인 채권은 발행 시 정해진 원금과 이자를 만기 때 지급한다. 이때 시간이 지나 물가가 오르면, 만기 시 돌려받는 원금의 구매력이 떨어지는 문제가 발생할 수 있다. 이에 반해 물가연동채권은 만기 시 인플레이션을 반영하여 원금과 이자를 조정해 준다. 투자자의 실질 가치를 보호하기 위해 설계된 상품이다.

채권 이채표에는 채권의 액면가, 만기 그리고 표면금리가 기재돼 있다. 액면가는 채권의 원금과 같은 말이다. 표면 금리는 채권에 투자할 때 받는 확정 이자다. 여기에 만기가 있다. 채권의 액면가와 채권 가격은 다른 개념이다. 채권의 액면가와 표면금리는 변하지 않는다. 채권 가격은 채권금리(시장 금리)에 따라 변한다. 채권의 시징 가격이 아무리 변해도 채권을 만기까지 보유하면 표면금리에 따른 확정이자를 매 기한마다 받고 만기 시에는 투자 원금을 그대로 돌려받을 수 있다.

 채권 투자는 이자수익만 기대해서 투자하기보다는 원금인 액면가와 채권 가격 간의 차이에서 발생하는 자본 이익을 얻기 위해 투자하는 경우가 더 일반적이다. 채권을 액면가보다 싸게 사면 자본 이익을 볼 수 있고 반대의 경우 자본 손실을 보게 된다. 채권을 만기 때까지 보유할 목적으로 샀다가 중간에 채권 가격이 크게 떨어졌을 때 불가피하게 팔게 되면 원금손실을 보게 된다. 채권의 표면금리와 채권금리(채권수익률)를 절대 혼동해서는 안 된다. 채권에 기재된 표면금리는 변하지 않는다. 하지만 채권수익률은 시장 상황에 따라 바뀐다. 채권금리가 높아지면 기존에 낮은 표면금리로 발행된 채권은 수요가 줄면서 채권 가격도 내려간다. 이렇게 채권 가격과 채권 금리 또는 채권수익률은 반비례 관계에 놓여 있다.

그림 6-2 채권수익률과 채권 가격과의 관계: 부(-)의 관계

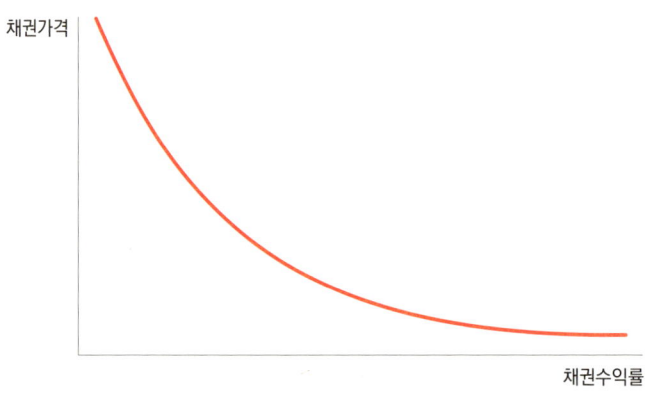

채권은 시장에서 액면가보다 싸게 살 수도 있고 비싸게 살 수도 있다. 채권에 투자한 경우 채권에서 발생하는 현금흐름을 다 합쳐 투자원금을 회수하는 데 걸리는 평균회수기간이 듀레이션이다. 듀레이션은 만기, 표면금리, 만기수익률 등에 영향을 받는다. 우선 듀레이션은 채권의 만기가 길수록 길다. 채권의 표면금리가 낮으면 투자 기간 중 발생하는 현금흐름이 적기 때문에 듀레이션이 길고, 반대로 표면금리가 높으면 듀레이션은 짧다. 채권의 만기수익률(채권금리)이 올라가면 채권 가격이 내려가는데, 듀레이션이 짧을수록 채권 가격 하락 폭이 작고 반대로 듀레이션이 길수록 채권 가격 하락 폭이 크다.

금리 상승기에는 듀레이션이 짧은 채권에 투자해야 채권 가격이 급격히 떨어지는 걸 막을 수 있다. 반면, 금리 하락기에는 듀레이션을 길게 가져가야 채권 가격 상승 폭이 크기 때문에 수익률을 극대화할 수 있다.[3]

2차 대전부터 1980년대 초에 이르기까지 채권은 좋은 투자 대상이 아니었다. 하지만 이후 30년 동안 채권 가격이 조정되면서 꽤 좋은 수익률을 보였다. 채권과 주식은 서로 반대 방향으로 움직이는 경향이 있다. 1980년에서 2021년에 이르기까지 채권은 주식과의 상관관계가 낮거나 마이너스였기 때문에 효과적인 분산투자 수단으로서도 그 가치를 입증했다.[4] 경기가 좋아 주식 시장이 활황기에는 금리가 오르게 된다. 이 경우 채권은 하락하게 된다. 반대로 주식 시장이 안 좋아 주가가 하락할 때는 금리는 하락하고 채권 가격은 오르게 된다 채권과 주식은 서로 반대되는 상관관계가 있어 분산 투자에 좋은 효과를 낼 수 있다.

부동산

부동산은 흔히 토지나 건물처럼 움직여 옮길 수 없는 재산으로 동산의 반대되는 말이다. 통상 부동산 건물에는 거주하는 주택과 오피스텔, 상가 등이 있다.

장기적 관점에서 보면 투자 대상인 주식, 부동산, 채권 중 주식이 수익률이 가장 높게 나타났다. 그럼에도 우리나라 국민은 부동산을 가장 선호하고 있다. 2022년 기준 금융투자협회 자료에 따르면 가구당 자산 규모에서 부동산이 차지하는 비율이 74%로 일본 37%, 미국 34%보다 높게 나타났다. 부동산은 인플레이션을 방어할 수 있는 대안이 되는 자산이다. 물가 상승률이 6% 넘을 때는 부동산이, 6% 미만일 때는 주식이 더 효과적이다는 연구 결과도 있다.

워런 버핏은 오마하에 있는 그의 집을 산 것이 인생에서 세 번째로 잘한 투자였다고 생각했다. "월셋집에 살면서 이 집을 산 돈으로 주식을 샀더라면 돈을 훨씬 많이 벌 수 있었겠지만, 모든 것들을 생각해 봤을 때, 내가 이제껏 세 번째로 잘한 투자는 우리 집을 산 것이다."라고 했다. 전설적인 펀드매니저였던 피터 린치는 "주식을 사기 전에 주택을 사라"고 하면서 주택 투자의 장점에 대해 몇 가지 흥미로운 견해를 밝혔다. 우선 주택은 투자재인 동시에 소비재이다. 집을 보유할 때 수익률은 집에 거주하는 서비스와 주택 가격 상승률을 합한 것이다. 둘째, 주택은 장기적으로 물가 상승률만큼 가격이 오른다. 셋째, 주택을 담보로 돈을 빌릴 수 있다. 담보가 확실하니 장기 저리로 차입할 수 있고, 빌린 돈을 레버리지로 활용할 수 있다. 넷째, 주택은 주식과 달리 구입하기 전에 많은 고민 후 결정한다. 마지막으로 주택은 가격이 급락한다고 해서 살고 있는 집을 쉽게 팔지 않아 자동적으로 장기 투자가 된다.

그 외에도 주택의 무형적인 이점이 있다. 남녀 시장에서 상대 이성이 어디 사는가에 따라 선호도가 달라진다. 집을 소유하고 있느냐와 어느 쪽에 사느냐에 따라 재산의 규모가 이내 드러나기 때문이다. 주택 소유 여부와 거주지에 따라 배우자의 선택 폭이 넓어질 수 있다. 세태를 반영하는 현주소라고 하겠다.

펀드

펀드는 금융기관(자산운용회사)이 다수의 투자자로부터 돈을 모아 주식, 부동산, 채권 등 수익 자산에 투자하는 '간접 상품'을 말한다. 투자 금액이 적더라도 다양한 상품에 투자할 수 있는 장점이 있다. 펀드는 투자 전문가(펀드 매니저)가 경제 및 산업 동향, 주식시장 흐름, 개별 기업 분석을 통해 개인들을 대신해 투자해 주고 있다. 아무래도 개인들은 시장 정보에 취약할 뿐만 아니라 투자 동향을 파악하는 데 시간이 부족하다. 이런 이유로 일반인이 직접 주식에 투자해 돈을 벌기가 쉽지 않다. 그 대안으로 투자 전문가가 투자자의 돈을 위탁받아 간접투자를 하는 펀드가 인기가 높다. 금융투자협회에 따르면 2022년 말 기준 한국 시장에서 설정된 펀드 규모는 746조 원이다. 2003년 3월 말 펀드 규모가 134조 원이었던 점을 고려하면 펀드시장은 큰 폭의 증가세를 보인 것으로 나타났다.[5] 미국의 펀드시장도 1982년 미국의 연금 제도인 401K와 함께 크게 성장했다. 미국의 연금 운용 자산은 주식형 펀드 비중이 높게 차지하고 있다.

펀드는 분산투자 하는 효과가 있다. 개인이 직접 투자할 때는 종목 몇 개 정도에 집중하여 투자하는 게 대부분이지만, 일반적으로 펀드는 수십 개~수백 개 종목에 분산투자를 한다. 종목 수가 적은 직접 투자는 주가가 폭락하면 큰 손실을 볼 수 있지만, 분산투자를 하는 펀드는 변동성을 축소, 투자 위험을 대폭 낮출 수 있다. 그렇다고 원금손실이 보장되는 것은 아니다. 과거 주식 시장 흐름을 보면 단기적으로 상승, 하락하다가 장기적으로 보면 우상향 추세를 보인다. 투자 자산은 주식, 부동산, 채권 등 여러 형태가 될 수 있다. 그중 변동성은 있지만, 수익률이 높기 때문에 주식이 주된 투자 대상이 되고 있다. 종목을 잘 고르면 높은 수익을 보장받지만, 투자 위험성이 높아 원금 손실을 보기도 한다.

펀드의 종류도 수백 가지에 달한다. 어떤 상품을 투자 대상으로 하느냐에 따라 증권 펀드(주식형, 채권형, 혼합형), 부동산 펀드, 실물 펀드, 파생상품 펀드가 있고, 투자 지역에 따라 국내 펀드, 해외 펀드(미국, 선진국 등)가 있고, 투자 특성에 따라 대형주, 중·소형주 펀드/성장주, 가치주/공모주, 배당주 등 다양한 이름을 붙이기도 한다.

투자 방식은 적립식과 거치식이 있다. 목돈을 일시에 투자하면 거치식이라고 하고, 반면 적립식 투자는 매월 일정한 금액을 장기간에 걸쳐 투자하는 것을 말한다. 거치식은 마켓 타이밍이 중요하다. 한꺼번에 목돈을 특정 시점에 투자함으로써 투자 타이밍을 잘 맞추면 수익률이 높겠지만, 그 위험성 또한 높다. 적립식은 매월 일정 금액을 투자하게 됨으로써 매입 단가가 낮아지는 효과가 있다.

좋은 펀드를 고르는 법도 중요하다. 자신의 위험 투자 성향을 알고 본인의 상품을 전략적으로 선택해야 한다. 안정성을 추구하려면 채권형 펀드가 좋고, 투자 위험은 있지만 고수익을 원하면 주식형 펀드가 좋다. 그 외 자산운용회사의 다양한 펀드를 잘 살펴봐야 한다. 자산운용사의 대표 상품이 좋나. 시상에 노출하기에 아무래도 더 낳은 관심을 기울이기 때문이다. 최근 몇 년간 수익률이 높다고 해서 미래도 반드시 높은 수익률이 보장되는 것은 아니다. 시장 상황과 여건이 좋을 때일 수 있으므로 펀드 매니저의 과거 장기간 운용수익률을 살펴봐야 한다. 펀드를 가입할 때는 비용도 고려해야 한다. 펀드 수수료가 저렴한 것이 좋다. 선취형, 후취형이 있다. 중도환매 수수료도 있으니 주의해야 한다.

투자한 펀드 상품을 주기적으로 리밸런싱해야 한다. 자산 배분 비율을 조정하는 것을 말한다. 기간은 6개월, 1년 등으로 정하되 급변하는 시장 상황이면 3개월에 한 번씩 점검하는 게 바람직하다. 자산이 주식 60%, 채권 40%로 투자했다고 하자. 경기 침체를 예상해 주식이 정점이나 그 부근 도달했다고 판단한다면 주식 비중은 줄이고 채권을 확대하는 방향으로 포트폴리오를 조정할 필요가 있다. 단순하게 주식 채권으로 예를 들었지만, 부동산과 실물, 예금 등 다양한 상품으로 구성할 수 있다.

ETF

ETF(Exchange Trade Fund)는 '상장지수펀드'다. 특정 지수의 수익률을 따라가도록 설계된 펀드를 주식처럼 거래소에서 실시간으로 거래할 수 있도록 만든 상품이다. ETF는 1993년 미국 SSGA(State Street Global Advisor)가 SPDR S&P500 ETF(SPY)를 처음으로 출시했다. SPY는 미국의 대표 지수인 S&P500을 추종하고 있다. 그 외에도 나스닥100, 미국배당다우존스 등과 같이 거래량이 많고 장기적으로 우상향하는 미국 지수를 추종하는 ETF가 인기가 높다.

2020년 코로나19로 주식 급등락이 심해 직접 투자한 개인들의 손실이 심해지자, ETF에 대한 관심이 더욱 높아졌다. 개인 투자자들의 ETF 누적 순매수 규모는 2018년~2019년까지 2조 원에도 미치지 못했지만, 2020년~2022년에 걸친 3년 동안은 21조에 육박할 정도로 성장했다.[6] ETF 종류도 수없이 많다. 국내외 지수를 추종하는 ETF 외에도 주식형, 채권형, 원자재형, 섹터형, 테마형, 액티브, 인버스 등 다양하게 상장돼 있다.

ETF는 여러 특성이 있다. 우선 펀드와 마찬가지로 주식, 채권뿐만 아니라 원자재 등 다양한 기초자산을 모아 만든 상품이기에 분산 효과가 있어 리스크를 상당 부분 완화할 수 있다. 증권거래소에 상장되어 주식처럼 편리하게 언제든 매매할 수 있다. 개별주식보다 변동성이 낮아 보다 안정성을 추구하는 투자자나 주식 초보자에게 적합하다. ETF는 환매 기간에 제약이 있는 일반 펀드보다 환금성이 높다. 일반 펀드와 비교해 볼 때 운용 수수료가 낮아 비용면에서 유리하다. 보유종목과 비중을 투명하게 공개함으로써 해당 ETF의 성과를 추적해 볼 수 있다. 특정 아이템을 정하여 인덱스펀드화함으로써 벤치마크가 되는 지수 또는 테마를 정확하게 추종하고 있어 펀드매니저의 자의적인 판단을 최대한 배제할 수 있다. 다만, 장중에 매매가 언제든지 가능해 장기보유보다는 빈번한 매매가 이루어질 수 있는 단점이 있다. ETF가 분산 효과가 있지만, 특정 산업이나 테마를 중심으로 담고 있는 ETF는 개별 주식과 마찬가지로 변동성이 높기에 주의할 필요도 있다.

ETF 명칭에는 나름대로 규칙이 있다. ETF에 담긴 정보를 쉽게 파악할 수 있다. 예를 들어 'TIGER S&P500 합성 ETF(H)'를 살펴보자. 먼저 TIGER는 운용사가 미래에셋대우라는 것을 말하고 있다. S&P500은 미국 S&P500 지수를 추종함을 나타낸다. 합성은 기초시수

에 해당하는 실물자산 외에도 선물이나 파생상품을 편입, 기초지수를 추종함을 뜻한다. H가 있으면 환 헤지를 하겠다는 내용이 담겨 있다.

다른 일례로 'KODEX 코스닥150'에서는 삼성자산운용이 운용하는 ETF로 코스닥150 지수를 추종하고 실물 자산만을 보유, 기초지수를 따라가며 환헤지는 하지 않겠다는 뜻이다. ETF는 인덱스펀드이다. 폴 새뮤얼슨은 "인덱스펀드 상품의 개발이야말로 바퀴와 알파벳 발명만큼 가치 있는 것이다."라고 코멘트하며 극찬했다. 인덱스펀드에서 진화된 ETF는 편의성, 자유도, 저비용 등 많은 장점이 있어, 갈수록 자금이 유입되고 있다.

미국 주식이 급등함에 따라 해외 ETF에 대한 관심이 높아졌다. 해외 ETF 투자는 2가지 방식이 있다. 먼저, 국내에 상장된 해외 ETF 투자다. 이 경우는 수익에 대해 배당소득으로 과세된다. 국내 상장된 해외 ETF 투자에 발생한 수익이 클 경우 금융소득종합과세 대상자가 될 수 있다. 연금저축이나 IRP, ISA 계좌를 활용하여 투자하는 것이 세금 절세 효과가 크다. 또 다른 방식으로 해외에 상장된 ETF를 직접 사는 경우가 있다. 이때는 해외 주식과 마찬가지로 차익 발생 부분에 대해 양도소득세가 부과된다. 양도소득세 부과 시 250만 원까지는 기본 공제가 된다. 환율이 높을 때 구입하면 주식 매매 후 이익이 발생하더라도 나중에 매도 시 환율이 떨어질 경우 그만큼 환차손을 입게 될 수 있는 점도 고려해야 한다.

암호화폐

　암호화폐 시장은 날이 갈수록 블록체인 기술의 발전과 함께 성장, 확대되고 있다. 암호화폐는 디지털 형태의 가치 저장 및 교환 수단을 가지고 중앙 기관 및 금융 당국의 규제 없이 사용자 간 직접 거래할 수 있다.

　블록체인은 암호화폐의 핵심 기술로 거래 내역을 공개된 블록체인에 기록하여 투명성과 보안성이 담보된다. 비트코인이 중심에 있고 그 외 다양한 알트코인이 있다. 빅3는 비트코인, 이더리움, 리플 등이 있다. 암호화폐는 각각의 특성과 용도에 따라 다양하게 출시, 상장, 유통되고 있다. 암호화폐가 처음에 시중에 나왔을 때는 전통적인 금융 시장에서 강력한 저항과 도전을 받아 왔으나 최근 전 세계에서 널리 통용되고 있어 화폐 기능과 투자자산으로 자리매김하였다고 본다. 특히 암호화폐에 기관들이 투자를 많이 하고 있고, 암호화폐 ETF 상품이 출시되고 있어 금융 기관들도 암호화폐를 인정하고 있다.

　비트코인에 대한 시각이 변화한 결정적 계기가 2020년 10월에 미국 온라인 전자결제 업체인 페이팔에서 비트코인 결제를 허용하겠다고 발표할 때부터였다. 그 이후 테슬라의 일론 머스크가 1조 5,000억 원 상당의 비트코인을 매수한 사실이 알려지면서 자산으로서의 자리매김을 공고히 했다.⁽⁷⁾ 세계 최대 자산운용사인 블랙록의 CIO가 "현금 일부를 비트코인 등 가상화폐로 보유하는 것이 타당해 보인다."라고 말했다. 2024년 1월에 미국 증권거래위원회(SEC)가 비트코인 현물 ETF를 승인하였고, 2024년 5월에는 이더리움 ETF도 뒤를 따랐다. 미국 등 주요국들이 이미 가상자산을 ETF(상장지수펀드)에 허용시키는 등 제도권으로 편입하여 이제는 암호화폐가 중요한 자산이 되었다.

암호화폐가 화폐 기능으로서 안착할 것으로 보는 다수인의 전망과 달리 일부는 머지않아 암호화폐 열풍이 식고 우리 곁으로부터 사라질 것으로 전망한다. 그중 노벨 경제학상 수상자 유진 파마 시카고대 교수가 10년 내 비트코인의 가치가 소멸할 가능성을 제기했다. 파마 교수는 "비트코인이 화폐로서 기본적인 요건을 충족하지 못한다."라고 지적하며 자산이 지속될 수는 없다고 주장했다. 그는 "중앙은행과 각국 정부가 암호화폐 시장을 강력하게 규제할 때도 비트코인의 가치가 급격히 하락할 수 있으며 금은 주얼리, 전자부품, 산업용 등으로 실제 활용되지만, 비트코인은 다양한 활용 가치와 용도로 쓰이고 있지 않기에 사라질 가능성이 있다"라고 덧붙였다. 이런 생존 논쟁 가운데서도 대부분은 암호화폐가 블록체인 기술의 발전과 함께 화폐 기능으로 생존, 확대될 것으로 예상하고 있다. 여러 나라에서 암호화폐에 대한 규제를 강화하면서 투자 수익에 대해 세금을 부과하는 법안도 마련하는 중이다. 앞으로 미래에는 더욱 효율적이고 보안이 강화된, 안전한 암호화폐 시스템이 개발될 것으로 기대된다.

대체투자

대체투자는 전통적인 자산 투자 상품인 주식, 채권이 아닌 다른 대상에 투자하는 것을 말한다. 부동산, 인프라, 에너지 및 원자재 투자,

PE 및 헤지펀드와 같은 상품이 그 대표적이다. 그 외에도 선박, 보석, 예술품, 삼림 등도 대체 자산에 해당한다. 대체투자는 전통 자산에 비해 상대적으로 진입장벽이 높다고 할 수 있다.

부동산은 가장 많이 알려진 대체투자 자산이다. 오피스 및 리테일(백화점 및 쇼핑몰), 물류센터, 호텔 등이 있다. 인프라 투자는 도로, 철도, 항만, 공항 등 사회기반시설(SOC)이 이에 속한다. 그 외에도 발전 사업, 태양광 및 풍력 등 신재생에너지 사업도 인프라 투자 대상 중 하나이다. 에너지 및 원자재 투자는 원유, 농산물, 에너지 등 실제 자원에 투자하는 방식이다. 리튬, 구리 같은 원자재도 있고, 원유, 천연가스 등 에너지 자산도 있다. PE(Private Equity)와 같이 소수의 투자자로부터 자금을 모아 비상장 기업에 투자하거나 특정 기업의 사업 및 지배 구조를 개선해 기업 가치를 높인 후 지분을 매각함으로써 차익을 실현하는 경우도 해당한다. 헤지펀드는 일반 투자자가 직접 증권에 투자하지 않고, 전문가에게 맡겨 투자하는 방식이다.

해가 갈수록 대체투자 시장에 자금이 몰리고 있어 글로벌 대체투자 시장이 커지고 있다. 주로 기관들이 많이 참여하고 있다. 개인들은 ETF, 펀드를 통해 간접적으로 쉽게 투자할 수 있다. PE는 소수의 정보를 독점하는 자들이 파이를 나눠 가질 수 있는 정보의 비대칭이 작용하는 영역이라 일반 개인은 조심해서 투자해야 한다. 헤지펀드 또한 제한된 소수로부터 비공개 투자자 모집, 일반적인 투자와 달리 느슨한 감시 등이 상품 특징임을 이해해야 한다.

2. 기업 분석

기업의 재무제표

　금융감독원 전자공시시스템(DART)에 공시된 코미코 회사를 예로 들어 살펴보고자 한다.

재무상태표 재무상태표는 대차대조표와 같은 말이다. 대차대조표는 옛날 피렌체 상인 아마티노 마누치(Amatino Manucci)가 명명했다. 대차대조표 양쪽을 나눠 균형 있게 채워가는 복식 부기 방식이다. 왼쪽에 위치하는 자산은 오른쪽에 위치하는 부채와 자본의 합이다. 자산은 크게 유동자산과 비유동자산으로 나눈다. 부채는 유동부채와 비유동부채로 구성된다. 자본은 자본금 외에 자본잉여금, 이익잉여금 등이 포함된다.

　자산 중 유동자산에 속하는 항목은 크게 세 개가 있다. 현금 및 단기투자자산, 매출채권, 그리고 재고자산이다. 단기투자자산은 1년 안에 만료 또는 만기가 되는 예금, 채권, 기업어음 등을 말한다. 매출채권은 기업이 상품 혹은 제품을 판매하는 과정에서 발생한 채권으로 외상매출금과 받을어음 등의 외상 판매 대금이다. 통상적으로 1년 이내 회수가 이루어지므로 유동자산으로 분류된다. 재고자산은 판매하기 위해 만들어 놓은 상품을 아직 팔지 못하고 가지고 있는 제품이라고 보면 된다. 다음은 비유동자산이다. 크게 투자지분, 유형자산, 무형자산으로 구성돼 있다. 먼저 투자 지분은 기업에서 외부 기업 또는 타사에 투자한 자산을 말한다. 1년 안에 현금으로 바꾸기 힘든 지속적인 가치가 있는 기업 소유의 자산이다. 유형자산은 기업이 가진 땅이나 건물, 공장 등이 될 수 있다. 기업이 소유하고 있는 부동산도 이에 해당한다. 기업에서 제품을 생산하는 기계장치도 유형자산이다. 그 외에도 자동차, 컴퓨터도 있다. 기업에서 유형자산은 시간이 지날수록 가치와 수명이 다해 이를 감가상각비로, 비용처리한다. 무형자산은 특허나 상표, 저작권 같은 지식재산권 같은 권리와 관련 있는 자산이다.

자산		부채	
유동자산	90,973,496,296	유동부채	105,042,761,051
현금 및 단기투자자산	54,996,130,414	매입채무	3,018,833,924
매출채권	11,950,652,236	단기차입금	72,600,000,000
재고자산	1,038,415,933	기타 유동부채	29,423,927,127
기타 유동자산	22,988,297,713	비유동부채	55,727,538,740
비유동자산	351,108,626,716	장기차입금	30,000,000,000
지분법 적용 투자지분	255,536,828,691	퇴직급여부채	12,238,241,375
유형자산	80,215,226,506	기타 비유동부채	13,489,297,365
무형자산	5,339,645,707	**부채 총계**	**160,770,299,791**
기타 비유동자산	10,016,925,812	자본	
		자본금	5,230,342,000
		자본잉여금	12,664,109,690
		이익잉여금	250,515,244,492
		기타	12,902,127,039
		자본 총계	**281,311,823,221**
자산 총계	**442,082,123,012**	**자본과 부채 총계**	**442,082,123,012**

이제 오른쪽에 위치하는 항목으로 크게 부채와 자본이 있다. 부채는 유동부채, 비유동부채가 있다. 유동부채는 제품이나 서비스를 받고 아직 대금을 결제하지 않은 매입채무, 상환일이 1년 미만으로 남은 단기차입금, 직원에게 지급할 미지급 임금 등이 포함된다. 비유동부채는 상환일이 1년 이상 빌린 차입금과 퇴직급여 부채 등이 있다. 자본은 자본금과 자본잉여금, 이익잉여금 등으로 구성돼 있다.

손익계산서

구분	금액
매출	159,729,863,566
매출원가	88,082,611,718
매출총이익	71,647,251,848
판매비와 관리비	45,235,964,689
대손상각비 환입	(51,001,309)
영업이익	26,462,288,468
기타 이익	6,248,149,376
기타 비용	456,460,595
금융 수익	6,872,279,481
금융비용	4,978,227,630
종속기업 및 공동지배기업으로부터의 기타 이익	34,452,054,861
법인세차감전순이익	68,600,083,961
법인세	13,471,354,100
당기순이익	55,128,729,861

해당 기업에서 제품과 서비스를 판매한 금액이 매출이다. 이때 상품을 생산하는 데 드는 비용이 매출원가라고 한다. 매출총이익은 매출에서 매출원가를 뺀 액수이다. 매출총이익률은 매출총이익을 매출로 나눠 백분율화한 것이다. 매출총이익률이 높아야 회사가 자기자본이익률이 높고 기업 재무구조가 건실하다고 볼 수 있다. 직접 상품을 생산하는 매출원가에 해당하는 생산비 외에도 많은 비용이 추가로 지출된다. 판매비, 임금, 연구 및 개발비 등 여러 간접비가 소요된다. 회계용어로 통틀어 판매관리비(또는 판관비)라 칭한다. 매출총이익에서 판관비를 뺀 것을 영업이익이라고 한다. 영업이익에서 투자 등에서 거둔 수익, 은행 예금에서 나오는 이자소득을 더하고 회사에서 대출이자나 채권발행으로 나가는 금융비용은 뺀다. 종속기업이나 공동지배 기업이 있으면 여기서 나오는 기타 이익을 더하면 법인세차감전순이익이 나온다. 법인세를 빼면 당기순이익이 산출된다.

현금흐름표 재무제표에 세 번째 요소인 현금흐름표가 있다. 크게 세 부분으로 구성돼 있다. 영업활동으로 인한 현금흐름, 투자활동으로 인한 현금흐름, 재무 활동으로 인한 현금흐름이 있다. 현금흐름은 기업의 혈액순환이다. 현금흐름이 원활해야 기업의 가치가 높다. 워런 버핏은 기업 투자 시 현금흐름을 매우 중요하게 여겨 왔다.

기업의 분석 지표; 저평가 주식을 고르는 기준
주식 투자를 하기 위해 종목을 탐색하고 분석할 때 EPS, PER, PBR, ROE 등의 지표들이 유용하게 활용되고 있다. 기본적으로 투자 종목을 선정할 때 위 지표들을 잘 살펴보고 투자하면 실패 확률을 현저하게 낮출 수 있다.

종목 분석에 가장 많이 사용되는 지표가 EPS와 PER이다. EPS(Earnings Per Share)는 '주당순이익'을 말한다. 상장사라면 주식 수 대비 돈을 얼마나 잘 버느냐가 중요하다. 기업의 당기순이익을 발행 주식 수로 나눈 값이다. 기업의 1주가 1년간 얼마나 순이익을 거두는지 나타내는 지표다. 기업의 당기순이익이 증가하면 EPS는 커진다. 전환사채(CB)나 신주인수권부사채(BW) 등이 주식으로 전환되면 주식 수가 늘어나 EPS는 떨어지고, 반대로 자사주 매입·소각이 이뤄지면 주식 수가 줄어들어 EPS는 올라간다. EPS가 높은 기업이 좋은 기업이다. 어느 정도의 EPS가 적정한지는 해당 기업을 같은 산업군과 비교해 봐야 한다. 예를 들어, 삼성전자는 반도체라는 동종 산업군인 SK하이닉스나 미국의 마이크론과 비교해야 하고, 네이처셀은 바이오 관련주인 삼성바이오로직스, 셀트리온, 알테오젠 등과 비교해야 한다.

PER(주가수익비율) = $\dfrac{\text{주가}}{\text{EPS(주당순이익)}} = \dfrac{\text{주가}}{\dfrac{\text{당기순이익}}{\text{유통주식수}}} = \dfrac{\text{시가총액}(\text{주가} \times \text{유통주식수})}{\text{당기순이익}}$

EPS를 알고 나면 그다음은 PER를 구해서 동종업계 다른 기업과 비교해 봐야 한다. PER(Price Earning Ratio)는 '주가수익비율'을 말한다. PER는 현재 주가를 EPS(주당순이익)로 나눠 구한다. 1주당 2천 원을 버는 기업이 현재 주가가 3만 원이면 PER는 15가 된다. PER가 낮다는 건 주가가 낮아 저평가되었고, 반대로 PER가 높다는 건 돈을 버는 것보다 주가가 많이 올라 고평가됐다는 뜻이다. 보통은 PER 15를 기준으로 그 이상이면 고평가, 그 이하는 저평가라고 할 수 있다. PER는 업종 간, 종목 간 주가지수 수준을 비교해 보는 게 더 중요하다.

EPS가 주당순이익이기 때문에 PER는 시가총액(주가 × 유통주식 수)을 당기순이익으로 나눈 값으로 구할 수도 있다. 1년에 당기순이익이 2,000원인 기업의 시가총액이 2만 원이라면 PER는 10배가 된다. PER를 계산할 때 과거 기준인지 미래 기준인지가 중요하다. 과거 실적을 기준으로 산출한 것을 트레일링(Trailing, 후행) PER라고 하고, 미래 실적을 추정해서 산출한 것을 포워드(Forward, 선행) PER라고 부른다. 보통은 트레일링 PER를 쓰지만 급속한 성장이 예상되는 성장주는 포워드 PER를 많이 참고한다. 급속한 기업의 성장이 예상되는 경우 미래 예상되는 실적까지 주가에 반영된다. 이런 성장주의 PER는 30~40배도 흔하다. 지금 시점에서는 성장주가 유망하게 전망돼 현재 주가는 높으나 나중에 실적이 뒷받침되지 않아 미래 주가는 급락하는 수가 있다.

투자자들이 기업의 가치를 평가하는 데 PER와 함께 자주 이용되는 지표가 BPS와 PBR이다. BPS(Book value Per Share)는 '주당순자산가치'를 말한다. 기업의 자산에서 부채를 뺀 순자산을 총 발행주식 수로 나눈 값이다. PBR(Price to Book value Ratio)은 '주가순자산비율'을 말한다. 주가가 회사의 순자산에 비해 얼마나 높고 낮은지를 나타내는 지표다. 기업이 청산할 때 주주들이 받을 수 있는 자산 가치를 나타낸다. 이 지표가 높으면 회사의 재무 안정성이 높다고 평가된다.

PBR(주가순자산비율) =

$$\frac{주가}{BPS(주당순자산가치)} = \frac{주가}{\frac{순자산(자산-부채)}{유통주식수}} = \frac{시가총액(주가 \times 유통주식수)}{순자산}$$

예를 들어, PBR 1배라는 뜻은 기업이 보유한 재산을 모두 매각한 가치와 시가총액이 일치한다는 뜻이다. 기업이 망해서 청산하게 될 때 PBR 1배라면 주주들도 투자금을 거의 다 회수할 가능성이 크다. 따라서 PBR이 1보다 크면 시가총액이 순자산보다 크기 때문에 고평가 국면이라고 볼 수 있고, 반면 PBR이 1보다 작으면 저평가라 볼 수 있다. 물론 PBR 1배 기준도 업종, 종목마다 제각각이다.

저PBR주는 회사가 가진 재산은 많은 데 주가가 낮은 경우에 해당한다. 가진 자산은 많은 데 매출이나 영업이익 등이 정체돼 주가가 낮은 기업은 저PBR에서 벗어나기 어렵다. 반면 제약·바이오, 기술주는 PBR이 높은 편이다. 특히 신약 개발에 치중하는 제약, 바이오 기업들은 실적은 저조하지만, 신약 개발에 성공하면 큰돈을 벌 수 있다는 기대감에 주가는 높이 반영된다. 주가가 높다는 건 시가총액이 늘어난다는 뜻이다. 순자산은 별로 없지만 시가총액은 높아 PBR도 10배, 20배 또는 그 이상 가는 경우도 있다.

기술주, 성장주 투자에 관심이 많은 투자자라면 PEG(Price Earnings to Growth ratio) 지표도 관심을 가져 볼만 하다. PEG는 우리말로 '주가수익성장비율'을 말한다.

$$\text{PEG(주가수익성장비율)} = \frac{\text{PER(주가수익비율)}}{\text{EPS(주당순이익) 성장률}}$$

PEG는 PER(주가수익비율)를 주당순이익인 EPS 성장률로 나눈 값이다. 예를 들어, 현재 PER가 50배 가는 기업이 있다. 이런 주식은 너무 비싸서 부담스럽다. 하지만, 이 종목의 순이익이 매년 50%씩 증가한다면 PEG(주가수익성장비율)은 "50배/50%=1배에 그친다. 고성장이 예상되기 때문에 현재의 높은 주가 수준도 무리 없다는 해석이 가능하다. 만약 이 종목의 이익성장률이 매년 10%에 그친다면 PEG는 '50배/10%=5배'로 현재 주가 수준이 상당히 부담스럽다. PEG 지표를 고안한 사람은 전설적인 펀드 매니저로 이름을 날린 피터 린치이다. 피터 린치는 PER가 높게 나와도 이익 성장이 뒷받침되는 기업이라면 투자할 만한 가치가 있다고 보고 PEG 0.5배 이하에서 매수해서 1.5배 수준에서 매도하는 전략을 제시했다.

주식 종목을 선정할 때 살펴봐야 할 지표 중 하나가 ROE(Return

on Equity)다. 투입된 자기자본으로 회사가 얼마나 돈을 벌고 있는지를 나타내는 지표다. 당기순이익을 자기자본으로 나누어 구한다.

$$ROE(\text{자기자본이익률}) = \frac{\text{당기순이익}}{\text{평균 자기자본}} \times 100\ (\%)$$

ROE(자기자본이익률)는 높을수록 좋다. 최소한 은행에서 차입한 이자율보다는 높아야 한다. ROE가 10% 이상이면 수익성이 높은 회사라 할 수 있다. 적정 주식 종목 대상은 ROE가 5~20%이면 무난하다.

ROE를 볼 때 주의할 점이 있다. 첫째는 과거 수치보다는 미래 수치에 더 비중을 두고 봐야 한다. 미래 수치는 애널리스트가 예측한 수치로 경제 여건이나 금융 환경에 따라 변경될 수 있으므로 수시로 체크할 필요가 있다. 둘째는 재무상태표를 볼 때 반드시 영업 외 수익(또는 손실)이 있는지 확인해야 한다. 부동산 처분이익, 환차익 등 일회성 영업외손익이 있다면 제외하고 당해 영업이익만을 기준으로 봐야 한다.

그 외에도 에비타(EBITDA)가 있다. 에비타는 이자 비용, 세금, 감가상각, 상각비용을 뺀 후의 순이익(Earnings Before Interest, Taxes, Depreciation, and Amortization)을 나타낸다. 기업의 현금 흐름과 수익성을 평가하는 것으로 기업 운영 성과를 나타낸다. 기업 간 비교나 기업 가치 평가에 주로 활용된다.

3. 시장의 고평가 판단 지표들

역사적으로 주식시장은 기업 이익에 비해 주가가 과도하게 높은 고 PER 현상이 지배할 때 대규모 조정을 겪어 왔다. 1973~1974년 폭락과 1987년 블랙먼데이 직전에도 이런 현상이 나타났다. 시장 조정의 주기를 돌아보면 10% 이상 하락하는 조정은 2년마다 발생하고, 20% 이상 하락하는 약세장은 6년마다 발생한다. 30% 이상 대형 하락장도 1929년 대공황 이후 다섯 번 찾아왔다.[8]

고평가된 시장에서 투자 타이밍은 중요하다. 강세장 후반에 진입하여 약세장에 빠져나오는 패턴은 매우 위험하다. 좋은 주식이라도 약세장 시점에 매수하면 손실을 본다. 나쁜 주식을 강세장 시점에 사면 더 큰 손실을 본다. 고평가된 시장에서는 방어적 자산(채권, 배당주 등)의 비중을 늘리는 것이 중요하다. 단기 변동성에 휘둘리지 않고 장기적인 투자 목표를 유지해야 한다. 특정 자산군에 대한 집중 투자를 피하고 다양한 자산에 분산 투자하여 리스크를 줄이는 전략이 필요하다.

주식시장의 고평가 여부를 판단하기 위해 사용되는 대표적인 몇 가지 지표들이 있다. 이 지표들은 시장의 현재 상태를 평가하고 과대평가 또는 저평가 여부를 분석하는 데 유용하다.

Shiller P/E Ratio(CAPE)

전통적인 P/E 비율을 보완한 지표로, 최근 10년간의 인플레이션이 조정된 평균 이익을 기반으로 계산된다. 일반적인 주가수익비율(PER)은 현재 주가를 최근 1년 동안의 주당순이익으로 나누어 계산한다. 하지만 기업의 이익은 경기에 따라 변동할 수 있다. CAPE는 이런 단기적인 경기 변동의 영향을 줄이기 위해 현재 주가를 지난 10년간의 평균 주당순이익(물가상승률 조정)으로 나누어 계산한다. CAPE가 높으면 주식이나 시장이 고평가되어 있을 가능성이 있고, 낮으면 저평가되어 있다고 해석할 수 있다. 2025년 4월 기준 Shiller P/E는 38로, 역사적 평균 17을 크게 초과하고 있다. 높은 Shiller P/E는 시장이 과대평가되었음을 시사한다. 과거 2000년 닷컴 버블 땐 44.2였고, 코로나19 팬데믹 시기에는 30이었다.

Buffett Indicator(버핏 지수)

주식시장 총 시가총액을 국내총생산(GDP)으로 나눈 비율로, 시장가치와 경제 규모 간의 관계에서 시장의 고평가 또는 저평가 여부를 평가하는 지표이다. 버핏 지수는 역사적 평균 80~100% 수준에서 유지되고 있다. 통상 120% 이상이면 과대평가로 간주한다. 과거 닷컴 버블 때는 약 200%였고, 코로나 팬데믹 때에는 연준의 유동성 공급 영향으로 약 210%였다. 2024년 말 기준으로는 211%였는데 2025년 4월 기준 버핏 지수는 169.7%이다. GDP 대비 주식시장 가치가 여전히 과대평가된 상태임을 보여준다.

Earnings Yield Gap(일드 갭)

일드 갭은 주식의 기대수익률과 채권수익률의 차이를 나타내는 지표로, 투자 자산 간 상대적 매력도를 평가하는 데 사용된다. 주식의 수익률(1/PER)과 10년 만기 국채 수익률 간의 차이를 비교한다. 주식 수익률이 국채 수익률보다 낮을 경우, 투자자들이 위험 자산(주식)에 대해 충분한 보상을 받지 못하고 있다는 뜻이다.

Yield Gap = Earnings Yield − 채권 수익률

· Earnings Yield: 주가수익비율(PER)의 역수 (1/PER × 100)

예를 들어, 미국 S&P500 기준 PER가 21.6배라고 하면 Earnings Yield는 4.6%(1/21.6×100)가 된다. 10년물 국채 수익률이 4.3%라고 가정하면 Yield Gap은 0.3%포인트로 채권 대비 주식 매력도가 낮다는 의미다. 그만큼 주식시장이 과대평가되었다고 받아들일 수 있다.

이기는 게임

7장

승리를
향하는 길

1. 알파를 향한 여정

랜덤워크 이론과 효율적 시장 가설

금융 시장을 처음 접하는 많은 투자자는 주가가 일정한 패턴이나 규칙이 있다고 생각한다. 하지만 효율적 시장 가설(Efficient Market Hypothesis)에 따르면 주가는 무작위적으로 움직이는 '랜덤워크(random walk)'를 따른다고 주장한다. 왜 그럴까? 시장에 새로운 정보나 뉴스가 등장하면, 주가는 즉시 수많은 투자자에 의해 분석되고 거래에 반영된다. 따라서 주가는 본질적으로 예측이 불가능하고, 미래 움직임도 알 수 없다는 것이 이 이론의 핵심이다.

월스트리트의 유명한 실험 중 하나로 원숭이가 다트로 무작위 종목을 선택하는 방식과 전문가의 선택을 비교한 것이 있다. 놀랍게도 이 실험에서 두 방식 간의 수익률 차이는 통계적으로 유의미하지 않았다. 이 실험은 효율적 시장 가설을 뒷받침하는 증거로 자주 인용되고 있다. 기본적 분석(기업의 재무 상태 분석)이나 기술적 분석(차트 패턴을 통한 예측)도 이 가설에 따르면 지속적인 초과 수익을 보장하지 못한다고 봤다. 모든 공개된 정보가 이미 가격에 반영되어 있기 때문이다.

베타와 알파

이러한 시장의 효율성 앞에서 투자자들은 두 가지 경로 중 하나를 선택하게 된다.

첫 번째는 베타 투자(패시브 투자) 경로다. 이 경로를 택한 투자자들은 시장을 이길 수 없다는 가설을 받아들이고, 시장 수익률을 좇는 것에 만족한다. 이들은 S&P500과 같은 주요 지수를 추종하는 인덱스 펀드나 ETF(상장지수펀드)에 투자한다. 최소한의 수수료로 시장 전체의 성과를 얻는 것이 목표다.

두 번째는 알파 투자(액티브 투자) 방식이다. 이 방식은 투자자들이 효율적 시장 가설에 도전하며, 시장 평균을 넘어서는 초과 수익을 추구한다. 이들은 개별 종목 선택, 시장 타이밍, 특별한 투자 전략을 통해 베타를 넘어서는 수익을 얻고자 한다.

최근 10여 년간 흥미로운 현상이 관찰되었다. Cerulli Associates의 보고서에 따르면, 2023년 12월 말 기준으로 미국 투자자들의 패시브 전략 자산은 13조 2,520억 달러로, 액티브 펀드 자산 13조 2,440억 달러를 80억 달러 차이로 처음 추월했다. 2025년 1월에는 인덱스 뮤추얼 펀드와 ETF의 총자산이 16조 6,821억 달러에 도달해 전체 펀드시장의 51%를 차지했다(Investment Company Institute, 2025년 2월 28일). 이러한 패시브 투자의 성장은 베타 수익률을 초과하는 알파 수익률을 지속적으로 창출하기 어렵다는 현실을 반영한다. 그런데도, 많은 투자자는 여전히 개별주식에 투자하여 시장을 이기는 알파 수익을 추구하고 있으며, 이 도전적인 여정은 계속되고 있다.

위험과 수익의 수학적 접근

알파를 추구하기 위해서는 반드시 짚고 넘어가야 할 개념이 있다. 바로 위험과 수익의 관계다. 금융 세계의 불변 법칙 중 하나가 "높은 위험 없이는 높은 수익도 없다"라는 명제이다. 투자에서 위험은 수익률의 변동성, 즉 기대했던 수익률에서 얼마나 벗어날 수 있는지를 의미한다.

위험(변동성)은 수익의 산포도인 분산이나 표준편차로 구한다. 표준편차(Standard Deviation)는 데이터의 분산 정도를 측정하는 통계적 지표다. 개별 데이터가 평균값에서 얼마나 떨어져 있는지를 나타낸다. 표준편차가 크다면 데이터가 평균에서 크게 벗어나 분포하고 있다는 뜻이고, 작다면 평균 근처에 모여 있다는 뜻이다.

기대수익률은 투자자가 특정 자산에 투자할 때 얻을 것으로 예상되는 평균 수익률을 말한다. 미래 수익을 예상한 값으로 투자 결정 시 중요한 지표로 사용된다.

분산은 각각의 수익률에서 기대수익률을 빼서 제곱한 값들의 평균이다. 표준편차는 분산의 제곱근이다. 표준편차가 클수록(수익률 분포가 넓을수록) 위험이 크다. 수익률의 분포도가 넓을수록 시장에서 돈을 잃을 가능성이 크다. '높은 위험을 감수함으로써 높은 수익을 얻을 수 있다'라는 의미다.

기대수익률이 10%, 표준편차(분산도)가 30%라 가정하고 수학적 의미를 살펴보자.[1]

　1 표준편차는 68.2%, 2 표준편차는 95.4%, 3 표준편차는 99.7%

확률을 사용한다. 1 표준편차를 적용하면, 기대수익률을 중심으로 플러스마이너스 1 표준편차(=1*σ) 이내에 68.2%가 몰려 있다. (10%-30%)와 (10%+30%) 사이, 즉 주식수익률은 -20%와 +40% 사이에 있을 확률이 68.2%라는 뜻이다. 2 표준편차(=2*σ) 이내는 95.4%이므로 (10%-2*30%)에서 (10%+2*30%) 즉 -50%에서 70%에 있을 확률이 95.4%라는 의미다. 3 표준편차인 -80%와 100% 이내 있을 확률은 99.7%다고 할 수 있다(그림 7-1).

그림 7-1 기대수익 10%, 표준편차 30%일 때의 수익률 분포

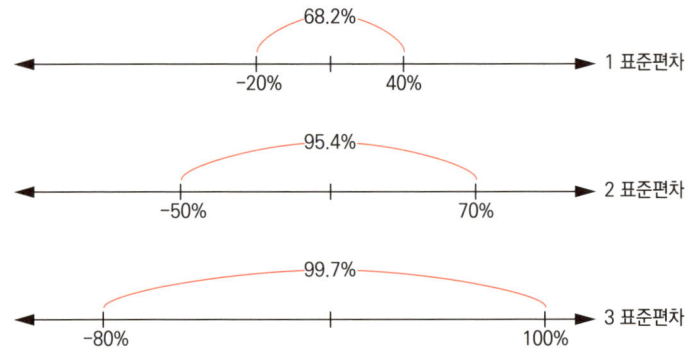

자료: 김경록, 성장이 멈춘 시대의 투자법, p.116

〈그림 7-2〉에서도 보듯이 투자 자산별 수익률과 위험을 나타내는 표준편차 간의 상관관계를 알 수 있다. 주식은 채권보다 표준편차가 높고, 분포도도 폭넓게 분포하고 있다. 주식은 회사채나 국채 같은 채권보다도 더 높은 수익률을 보였다. 투자자가 주식에서 얻는 수익은 높은 위험에 대한 대가의 결과이다. 인플레이션 영향을 감안해서도 훨

씬 높은 실질 수익을 안겨다 주었다. 주식만 보면 소형주가 대형주보다 표준편차(분포도가 넓음)가 높아 수익률이 더 높음을 알 수 있다.[2]

그림 7-2 투자 자산별 연간 총수익률 통계자료(1926~2020)

투자자산	기하평균 (%)	산술평균 (%)	표준편차 (%)	분포
대형주	10.3	12.2	18.7	
소형주	11.9	18.5	28.2	
장기 회사채	5.9	6.3	8.4	
장기 국채	5.7	6.1	8.5	
중기 국채	5.1	5.2	5.6	
미 재무부 채권	3.3	3.3	3.1	
인플레이션	2.9	2.9	4.0	

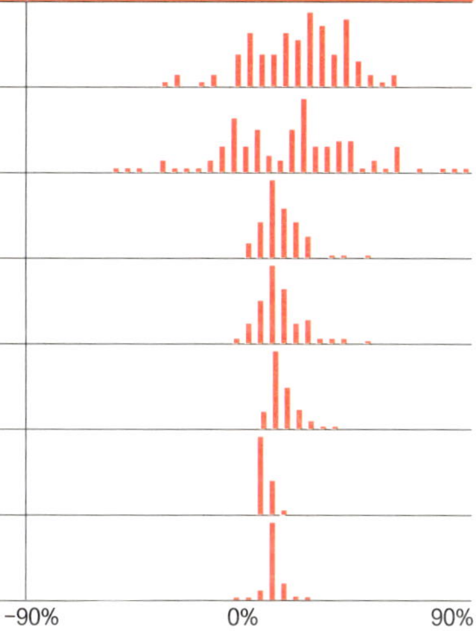

자료: 버턴 말킬, 랜덤워크 투자수업, p.229

2. 위험과 수익 관계의 이론적 논거

　부의 축적 방식을 이해하기 위해서 미국 부자들의 자산 포트폴리오 구성을 살펴보면 흥미로운 패턴이 발견된다. 중산층의 가계 자산 구성은 부동산의 비중이 가장 높다. 그다음엔 주식의 비중이 높은 것이 일반적인 특징이다. 반면 자산이 많은 사람들은 공모주를 포함해서 주식 비중이 가장 높고, 그다음에 자기의 개인 사업 부분이 차지한다. 주식과 개인 사업을 합치면 대략 70% 정도다. 그 외 부동산이 25%, 나머지 안전자산과 자동차 등으로 구성돼 있다. 주식과 개인 사업은 리스크에 많이 노출돼 있다. 결국 부를 이룬 사람은 리스크를 감수했다. 높은 수익은 위험을 감수한 대가로 얻어진다는 금융 원칙을 실제 데이터가 뒷받침하고 있다.

　기본적으로 위험과 수익의 상충관계는 투자 이론에서 중요한 개념이다. 높은 수익을 기대하려면 높은 위험을 감수해야 한다. 위험을 안으면서 어떻게 수익을 높일 것인가에 대한 연구가 학계나 투자가들 사이에 오랫동안 이어져 왔다. 여기서는 1950년대 이후 위험과 수익의 상관관계에 대한 이론적 모델을 살펴보고자 한다.

현대 포트폴리오 이론(Harry Markowitz, 1950년)
　투자 이론의 새로운 시대를 연 것은 해리 마코위츠(Harry Markowitz)의 현대 포트폴리오 이론(Modern Portfolio Theory, MPT)이다. 이 혁신적인 이론의 핵심은 단순하면서도 강력했다. 서로 다른 자산들을 적절히 조합하면 전체 포트폴리오의 위험을 줄이면서도 수익은 유지할 수 있다는 것이다. 마코위츠는 서로 상관관계가 낮거나 심지어 부의 상관관계를 가진 자산들을 조합하면, 한 자산의 가치가 하락할 때 다른 자산이 상승하여 전체 포트폴리오의 변동성을 줄일 수 있다고 밝혔다.[3] 이 이론은 투자자들에게 '분산 투자'의 과학적 근거를 제공했다.

자본자산가격결정모델(CAPM, 1964년)

마코위츠의 이론을 기반으로, 윌리엄 샤프(William F. Sharpe), 존 린트너(John Lintner), 얀 모신(Jan Mossin)은 1964년에 자본자산가격결정모델(Capital Asset Pricing Model, CAPM)을 개발했다.

윌리엄 샤프 등은 포트폴리오 이론을 더욱 정교하게 응용, 베타 계수를 사용하여 자산의 시장 리스크를 측정했다. CAPM의 핵심 내용은 자산의 기대수익률이 무위험 수익률과 시장 위험 프리미엄과 자산의 베타 계수에 의해 결정된다고 보고 있다. 이 모델은 투자가가 자산에 투자할 때 시장 위험을 감수하고 투자할 가치가 있는지를 판단하거나 기업 가치를 계산할 때 가장 많이 사용되는 이론이다.

포트폴리오에 종목을 많이 담을수록 위험은 줄어든다. 시장의 변동과 관련된 위험이 아닌 기업 고유 위험은 줄어든다. 하지만 시장 자체에 도사리는 위험은 제거할 수 없다. 시장 위험을 베타라고 부른다. 학자들은 다른 이름으로 체계적 위험이라고도 한다. 주식의 기대수익은 베타와 시장 위험 프리미엄을 곱한 다음 무위험 수익률을 더하면 된다. 무위험 수익률은 주로 정부 채권 수익률이 표준이 된다. 위험을 감수할 가치가 있는 투자는 평균적으로 무위험 수익률보다 수익률이 높다. 그렇지 않으면 투자할 가치가 없다.

$E(R_i) = R_f + \beta_i \times (E(R_m) - R_f)$

- $E(R_i)$: 자산i의 기대수익률
- R_f: 무위험이자율, 주로 안전한 국채의 수익률을 사용
- β_i: 자산 i의 베타 계수, 시장 변동에 대한 자산의 민감도를 나타냄
- $E(R_m)$: 시장 전체의 기대수익률
- $E(R_m)-R_f$: 시장 위험 프리미엄으로, 투자를 통해 얻을 수 있는 초과 수익을 의미

예를 들어, 시장 전체의 기대수익률이 8%이고 무위험이자율은 2%인 경우, 베타 1.5인 주식의 기대수익률은 2%+1.5×(8%-2%)=11%인 것이다.

기본적으로 베타는 전체 시장 움직임과 개별 주식(혹은 포트폴리오)의 움직임을 비교하여 수치로 나타낸다. 베타 계수가 1보다 크다는 것($\beta>1$)은 자산의 수익률 변동이 시장 전체보다 크다는 것으로 자산이 시장보다 더 높은 위험을 감수하고 더 높은 수익을 기대할 수 있음을 의미한다. 베타가 1이라면 해당 자산은 시장과 동일한 변동성을 가지며, 1 미만이라면 시장보다 덜 민감하다는 뜻이다. 주식은 모두 똑같은 베타를 가지지 않는다. 일반적으로 대형 기업이나 필수 소비재 기

업은 베타가 1보다 낮고, 소형 기업이나 첨단 기술 기업은 베타가 1보다 높은 경향이 있다.

재정가격결정이론(APT, 1976년)

CAPM이 위험과 수익의 관계를 설명하는 강력한 도구였지만, 베타 하나로 모든 위험 요소를 설명하기에는 한계가 있다. 1976년 스티븐 로스(Stephen Ross)는 이러한 한계를 보완하기 위해 재정가격결정이론(Arbitrage Pricing Theory, APT)을 제안했다.

APT는 베타가 고려하지 못한 자산 수익률에 영향을 미치는 여러 요인이 있다고 가정한다. 이 요인들은 국민소득 변화, 금리 변동, 인플레이션율 등의 거시경제 변수일 수 있다고 봤다.[4] 각 자산은 이러한 요인들에 다르게 반응하며, 이것이 자산의 수익률 차이를 설명한다는 것이나.

이 이론은 CAPM의 단일 요인(베타) 모델보다 더 유연하고 현실적인 접근 방식을 제공했으며, 이후 다요인 모델 발전의 토대가 되었다.

파마-프렌치의 3요인 모델(1992년)

유진 파마(Eugene Fama)와 케네스 프렌치(Kenneth French)는 CAPM을 확장한 3요인 모델을 발표했다. 그들의 연구에 따르면, 시장 위험(베타) 외에도 다음 두 가지 요인이 주식 수익률에 중요한 영향을 미친다고 제안했다.

기업 규모(Size)와 가치(Value)가 주식 수익률에 미치는 영향을 연구했다.[5] 작은 기업(소형주)이 큰 기업(대형주)보다 평균적으로 더 높은 수익률을 보였다. 소형주가 내재적으로 더 위험하기 때문에 투자자들이 더 높은 수익을 요구한다는 것을 의미한다. 또 일반적으로 재무 상태가 약하거나 수익성이 낮은 기업이 경제적 어려움이나 파산 위험이 크기 때문에 추가적인 위험 또한 크다. 이에 대한 보상으로 더 높은 수익률이 발생한다.

이 모델은 주식 수익률의 차이를 설명하는 데 CAPM보다 더 뛰어난 성능을 보였다. 이후 더 많은 요인을 포함한 확장 모델로 발전하는 계기를 제공했다.

현대적 투자 전략(1990년대 이후)
시장 효율성과 위험-수익 관계에 대한 이론적 이해를 바탕으로 투자자들은 수익률을 높이기 위해 다양한 전략을 개발해 왔다. 특히 1990년대 이후에는 기술의 발전과 데이터 분석 능력의 향상으로 더욱 정교한 투자 접근법이 등장했다.

멀티 팩터 전략(Multi-Factor Strategy) 멀티 팩터 전략은 주식의 수익률에 영향을 미치는 여러 가지 요인을 결합하여 포트폴리오를 구성하는 방법이다. 가치(Value), 모멘텀(Momentum), 퀄리티(Quality) 등이 있다. 정기적으로 포트폴리오를 리밸런싱하여 각 팩터의 비중을 조정한다.[6]

위험균등전략 이론(Risk Parity Strategy) 위험균등전략 이론은 1996년 브리지워터 어소시에이츠(Bridgewater Associates)의 레이 달리오(Ray Dalio)와 밥 프린스에 의해 처음 발표되었다. 포트폴리오의 각 자산이 동일한 위험 기여도를 가지도록 자산을 배분한다. 주식과 채권을 자산군에 포함해 포트폴리오를 구성하다가 채권 가격이 상대적으로 저평가되었다고 판단되면 채권 신용 미수를 통해 수익률을 높이고자 시도하는 등 장기적으로 안정적인 수익을 추구한다.[7]

올웨더 포트폴리오(All Weather Portfolio) 올웨더 포트폴리오 전략도 레이 달리오가 설계한 투자 전략이다. 다양한 경제 상황에서도 위험을 분산하여 안정적인 수익을 기대하고자 자산배분을 통해 위험을 최소화하려고 한다. 어느 한 자산이 큰 손실을 보더라도 다른 자산이 손실을 상쇄할 수 있다. 주식, 부동산, 채권, 원자재, 금 등 다양한 자산군을 포트폴리오로 구성한다. 이 전략은 지나친 안정에 초점을 맞추고 있어 시장 평균의 초과 수익을 내기 어렵다는 단점이 있다.

모자이크 이론(Mosaic Theory) 모자이크 이론은 투자 결정을 위한 정보 수집과 분석 방법에 관한 접근법이다. 이 이론의 핵심은 여러 공개된 정보 조각들을 모아 의미 있는 전체 그림을 구성하는 것이다. 주식시장에 미공개 중요 정보를 공시가 아닌 방법으로 듣고 투자하게 되면 윤리 규정 위반이 된다. 그래서 애널리스트는 기업의 실적, 공시 자료 등 모든 투자자에게 공개된 중요 정보(Public Material Information, PMI)와 공개되지 않은 비중요 정보(Non-public Non-Material

Information, NNI)를 종합해서 투자 판단에 도움이 되도록 인사이트를 제공한다.⁽⁸⁾

이와 같이 학계에서는 위험과 수익률 간의 상관관계를 지속적으로 연구해 왔고, 앞으로도 다양한 정량적 분석이 정교하고 활발하게 이루어질 것으로 전망하고 있다.

3. 변동성 관리가 핵심이다

투자자산을 관리함에 있어서 우선적으로 생각해야 할 부분은 기대 수익률을 합리적으로 설정하는 것이다. 시장 채권 금리나 은행 예금 금리보다 약간 높은 수익률을 목표로 변동성을 관리하는 것이 장기적으로 보면 안정적이고 높은 수익률을 가져다줄 수 있다. 변동성이 큰 자산에 늘 투자하게 되면 한번은 큰 폭의 손실을 당할 수 있다. 투자는 덧셈이 아니라 곱셈이다. 아무리 높은 수익률을 내더라도 한번 제로가 되면 원금 모두를 잃어버리게 된다. 손실에 따른 원금 회복 속도가 느릴 수밖에 없다. 50% 손실을 보면 100% 상승해야 원금을 회복할 수 있다. 변동성을 잘 관리하면서 안정적인 수익률을 확보해 나간다면 복리 효과에 의해 장기적으로 자산 증대를 이룰 수 있다.

개인들이 주식에 투자할 때 기대 수익률이 높으면, 이에 따른 손실 가능성도 그만큼 커진다는 점을 간과하는 경우가 많다. 변동성이 높다는 것은 그만큼 위험에 크게 노출돼 있음을 의미한다. 높은 변동성으로 인해 수익률이 하락하면 급격한 자산 감소로 이어진다. 변동성 관리가 곧 리스크 관리로 인식되고 있다. 투자의 현인 워런 버핏이 "투자의 첫 번째 원칙으로 절대로 돈을 잃지 말라, 두 번째 원칙으로 첫 번째 원칙을 잊지 말라." 말한 것도 동일한 맥락이다.

기대수익률과 변동성의 관계를 살펴보면 얼마나 변동성 관리가 중요한지 알 수 있을 것이다. 〈표 7-1〉은 매년 투자수익률과 다음 해 투자수익률의 변동성을 달리하면서도 2개 연도 투자수익률의 단순 합산이 20%가 되는 예시다. 1안은 매년 10%씩 수익을 냈다. 2안은 첫해 20%, 다음 해 0%였고 3안은 첫해 30%, 다음 해 -10%였다. 마지막으로 4안은 첫해 50%, 다음 해 -30%였다. 모두 2개 연도를 합산한 투자수익률은 20% 동일했다.(9)

표 7-1 변동성에 따른 투자 수익률

구분	1안	2안	3안	4안
첫해 수익률	10%	20%	30%	50%
다음 해 수익률	10%	0%	-10%	-30%
계	20%	20%	20%	20%

이런 조건 하에 최초 1천만 원을 투자한다고 가정, 복리 효과를 이용해 누적 수익률의 수치를 그래프 한 것이 〈그림 7-3〉에 나타난 수익률 반복에 따른 누적 투자성과 곡선이다. 1안을 보면 연 10% 수익률이 복리를 통해 자산이 계속 증가했다. 복리 계산식 $A = P \times (1+r)^t$을 적용한 결과이다. 1천만 원을 연 10% 복리로 30년간 투자할 경우 최종 금액은 약 1억 7,449만 원이었고, 40년간에는 최종 금액이 약 4억 5,259만 원이었다. 1천만 원의 10%는 100만 원이고 차기 연도에는 원금 1천만 원과 수익금 100만 원을 더한 1,100만 원이 재투자돼 시간이 갈수록 자산이 급속도로 증대하는 양상을 보였다. 반면에 원금에서 10% 손실이 나면 11.1%의 수익을 내야 원금이 회복되고, 30%의 손실이면 원금을 회복하기 위해서는 42.9%의 수익이 나야 한다. 이 경

우 시간이 지나면 자산 속도가 완만해질 수밖에 없다.

그림 7-3 수익률 반복에 따른 누적 투자성과 곡선

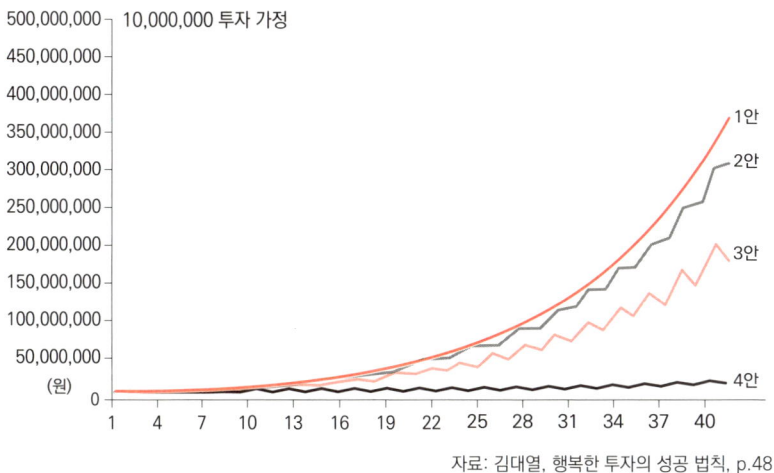

자료: 김대열, 행복한 투자의 성공 법칙, p.48

변동성 관리가 자산 투자전략의 핵심이다. 변동성을 줄이기 위해서 다양한 수단이 동원되고 있다.

4. 변동성을 줄이는 방법

분산 투자

전래 동화 가운데 '우산 장사와 짚신 장사' 이야기가 있다. 옛날에 우산 장사와 짚신 장사를 하는 두 자식을 둔 어머니가 있었다. 큰아들은 우산을 팔았고, 작은아들은 짚신을 팔면서 생계를 이어갔다. 어머니는 비 오는 날에는 짚신을 파는 작은아들을 걱정했고, 맑은 날에는 우산을 파는 큰아들을 걱정했다. 어머니는 늘 근심과 걱정에 사로잡혀 있었다. 그러던 중 어느 나그네가 이를 알고 어머니께서 걱정을 덜어드리는 조언을 하게 되었다. 비 오는 날에는 큰아들이 장사가 잘되고, 맑은 날에는 작은 아들 짚신이 잘 팔려 너무 행복하지 않겠느냐고 말을 건넸다. 어머니는 그제야 안도할 수 있었다.

위 전래 동화는 투자시장에서 위험 분산을 통해 변동성을 줄이는 '분산 투자'의 원조 격이다. 두 아들이 사업 지분을 반씩 교환하면 어머니는 비가 오나 날이 맑으나 상관없이 늘 행복하게 살아갈 수 있다. 분산이 주는 이점이요 지혜이다. '한 바구니에 모든 달걀을 담지 말라'는 투자 격언은 분산 투자를 두고 하는 말이다. 또 '하루에 모든 것을 모험하지 마라'고 삶의 철학적 메시지를 남긴 세르반테스의 말도 역시 투자 세계에서 분산으로 리스크를 줄이라는 뜻이다.

분산 효과를 극대화하려면 여러 자산(종목) 수를 늘리면서도 서로 상관관계가 낮은 자산을 선택하는 것이 중요하다. 상관관계가 낮거나

음(-)의 값일수록 한 자산의 손실이 다른 자산의 이익으로 상쇄되어 전체 포트폴리오의 변동성이 줄어든다. 그냥 분산하는 게 아니라 성질이 다른 자산을 섞어야 한다. 주식 종목을 섞어도 성질이 다른 여러 종목을 섞어야 한다. 상관관계가 낮아야 한다는 의미다. 자산 간의 상관관계가 높을수록 포트폴리오의 변동성은 높아진다. 분산이야말로 별다른 비용 없이 변동성을 낮추고 수익률을 높여 준다고 해서 '공짜 점심'이라고도 한다.

그동안 학자나 투자가들은 주식시장에서 위험을 낮추는 방법을 발견하기 위해 노력했다. 그중 하나가 분산 투자이다. 분산 투자는 위험을 낮추는 가장 합리적인 대안으로 자리 잡았다. 분산 투자의 유용함은 1950년대 해리 마코위츠(Harry Markowitz)에 의해 이론적으로 증명되었다. 그 공로로 마코위츠는 1990년 노벨 경제학상을 수상했다. 그는 《포트폴리오 선택》에서 여러 주식을 특정한 방법으로 함께 묶으면 그 위험이 개별 주식보다 낮아진다는 사실을 발견했다.

그렇다면 주식 몇 종목을 묶어 분산 투자하는 것이 바람직할까? 연구에 따르면 투자자를 위한 황금 보유 종목 수는 50개로 나타났다.[10] 도표를 보면, 미국 주식의 경우 50개 종목에 분산 투자하면 60퍼센트 이상 위험을 낮출 수 있다. 그렇다고 마냥 주식 수를 더 늘리면 어떨까? 50개에서 추가로 더 늘리더라도 그래프 곡선은 완만하게 유지가 됨을 알 수 있다. 더 이상 위험 감소는 일어나지 않았다.

그림 7-4 분산 투자의 혜택

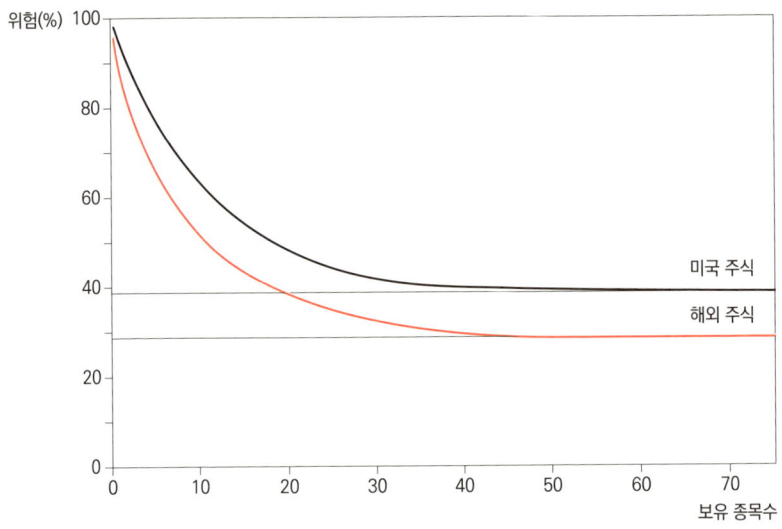

자료: 버턴 말킬, 랜덤워크 투자수업, p.236

　분산 투자의 전형적인 예가 지수 투자이다. 사실 학계에서는 오래 전부터 지수 투자의 유용함을 강조해 왔다. 코울스는 1933년에 뉴욕 증권거래소 시가총액의 97%를 반영해 코울스지수를 개발했다. 코울스는 주식 가격을 경쟁력 있게 예측할 수 없으므로 주식 종목을 예측해서 투자하는 것은 아무 실익이 없다고 지적하면서 충분히 분산된 시장 지수에 투자하는 게 낫다고 말했다.[11] 분산의 논리를 주식 시장에 적용한 지수(인덱스) 펀드로 미국의 3대 지수가 있다. 1896년에 창립해 30개 블루칩 종목으로 주가를 반영하고 있는 다우존스지수(DJIA), 1957년에 시작해 미국 500개 주요 기업을 대상으로 주식 종가에 발행주식 총수를 곱하는 S&P500 지수, 1971년에 설립돼 주로 기술 주식 위주로 편성돼 있는 나스닥지수가 여기에 해당한다. 투자의 귀재 워런 버핏 역시 분산이 잘된 인덱스펀드의 우월성을 강조했다. 버핏은 "자신이 죽고 나면 아내에게 재산의 90%를 S&P500에 투자하고 10%는 채권에 투자하라"고 했을 정도다.

주식 투자 포트폴리오에 종목이 딱 한 개밖에 없으면 위험이 매우 크다. 다년간 학자들의 연구 결과에 의하면, 10개 종목이면 위험을 40퍼센트 줄일 수 있고, 30개 정도면 거의 절반의 위험을 줄일 수 있다. 워런 버핏도 30개 종목이면 충분하다고 하면서 다만, 15개 이상은 여러 산업에서 골라야 상관관계가 낮아 분산의 효과를 볼 수 있다고 했다. 한편, 워런 버핏은 플로리다 대학교 한 연설에서 "훌륭한 기업을 여섯 개만 발견할 수 있으면 그것만으로 분산 투자는 충분하다."라고 말한 적도 있다.(12) 그는 또 최근에 IPO를 한 기업이나 손실을 보고 있는 기업, 갓 설립한 회사는 제외할 것을 주문했다.

주식 종목을 여러 개로 분산하는 것을 공간 분산이라고 한다. 여러 종목을 공간 분산하면 실리콘밸리 주식 한 종목만 가지고 있다가 2023년 3월 하루 만에 60% 폭락하는 위험으로부터 어느 정도 방어가 된다. 하지만 2000년 닷컴 버블, 2008년 금융위기, 2020년 코로나 팬데믹 등 시장 전반적인 위기나 충격으로 주가를 하락시키는 체계적인 위험은 아무리 종목을 분산해도 소용없다. 단기적인 하락이 불가피하다. 이때는 보유한 종목을 장기간 보유하여야 손실을 만회할 수 있다. 시간이 필요하다. 주식의 공간 분산을 통해서도 줄일 수 없는 체계적 위험은 시간 분산을 통해 줄일 수 있다. 여러 해에 걸쳐 시간 분산하는 것도 변동성을 줄이는 효과적인 투자 전략이다.

장기 투자

일반적으로 주식은 단기적 손실 위험이 크다는 인식이 팽배하지만, 부동산은 안정적인 수익을 창출하는 투자처로 여겨져 왔다. 이러한 인식 차이의 근거는 투자 기간에 있다. 부동산은 본질적으로 장기 보유하는 속성을 가지고 있고, 주식은 단기간 매매하는 경향이 있다. 그러나 투자 역사와 실증적 데이터는 주식 투자에서도 장기 투자가 성공 확률을 현저히 높인다는 사실을 일관되게 보여주고 있다.

단기로 주식을 사고팔고를 반복하기보다 우량한 주식을 장기 보유하는 것이 훨씬 더 높은 수익률을 얻을 수 있다. 80여 년간 증권계에 몸담아 왔던 앙드레 코스톨라니는 장기적으로 성공한 단기 투자자를 본 적이 없다고 했다. 오직 장기투자만이 주식 투자에서 성공 확률을 높인다. 장기 투자는 투자자에게 여러 가지 이점을 제공한다.

첫째, 주식은 투자 기간이 길어야 변동성이 작아진다.
〈그림 7-5〉는 각 투자 기간별로 수익률의 평균과 최고 수익률, 최저 수익률을 나타낸 것이다. 1년 단위로 투자했을 때 최고 수익률은 52.6%, 최저 수익률은 -37%이다. 5년 단위로 투자할 때는 최고 수익률이 28.6%, 최저 수익률은 -2.4%이다. 10년이면 최저 수익률은 -1.4%이고, 15년이 되면 최저 수익률이 연 4.2%로 변동 폭이 크게 줄

었다.[13] 이후에는 변동성 축소가 일정한 범위 안에 머무르면서 더 이상 줄어들지 않았다. 장기 투자가 변동성을 줄이는 것으로 나타났다. 주식 투자로 좋은 수익률을 올리기 위해서는 장기 투자를 해야만 하는 이유다.

그림 7-5 투자 기간에 따른 주식 수익률

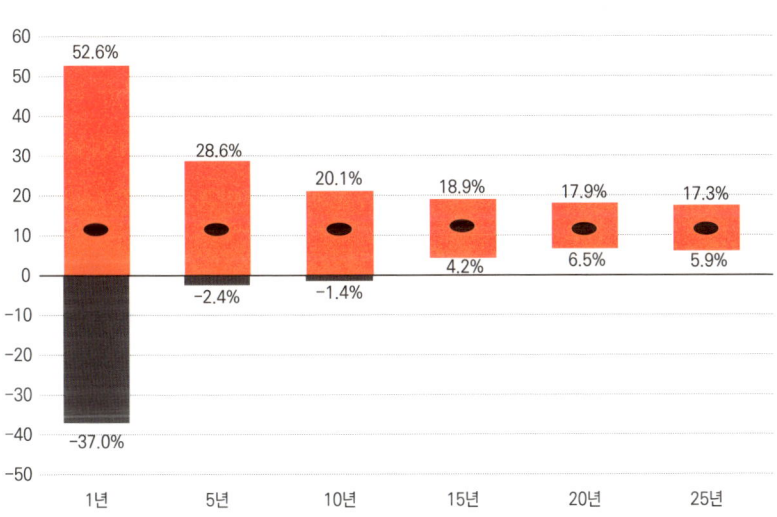

자료: 버턴 말킬, 랜덤워크 투자수업, p.412

버턴 말킬도 주식은 단기적인 랜덤(무작위)이 아닌 장기적인 패턴에 투자하라고 통찰력 깊은 조언을 하고 있다. 앙드레 코스톨라니는 "투자에 성공하고 싶으면 우량주에 분산 투자를 해놓고 수면제를 먹고 몇 년 동안 푹 자야 한다"라고 했다.

둘째, 장기 투자 시 평균 회귀(Mean Reversion) 현상이 나타난다.

장기 투자의 또 다른 장점의 이론적 근거는 주식 수익률의 평균 회귀 현상이다. 노벨 경제학상 수상자인 리처드 세일러(Richard Thaler)와 베르너 드봉(Werner DeBondt)의 연구는 이 현상을 실증적으로 입증했다. 그들은 1933년부터 1980년까지의 데이터를 분석하여, 3년 동안 높은 수익률을 보인 '승자' 그룹은 이후 3년간 -5%의 저조한 수익률을, 반면 3년 동안 낮은 수익률을 보인 '패자' 그룹은 이후 3년간 +19.6%의 높은 수익률을 기록했다.[14] 이러한 평균 회귀 현상은 주식 시장이 장기적으로는 무작위성을 넘어 일정한 패턴을 보이며, 이에 따라 장기 투자자들은 더 안정적인 수익을 기대할 수 있다. 주가가 극단적으로 상승한 후에는 하락하는 경향이 있고, 반대로 극단적으로 하락한 후에는 상승하는 경향이 있어 장기 투자가 유리하다.

셋째, 주가는 단기간 특정 시기에 상승한다.

주식 시장의 중요한 특성 중 하나는 수익의 상당 부분이 극히 짧은 기간에 집중된다는 점이다. 시장 진입과 퇴출 시점을 예측하는 마켓 타이밍 전략은 근본적인 한계를 보여준다. 2001년부터 20년간 KOSPI 지수 분석 결과, 전체 기간 총 수익률은 469%였다. 상승폭이 가장 컸던 상위 10개월을 제외한 수익률은 고작 48%에 불과했다.[15] 이는 전체 수익의 대부분이 240개월 중 단 10개월(4.2%)에 집중되었음을 의미한다. 이러한 현상은 한국 시장에만 국한되지 않았다. 샌포드 번스타인 & 컴퍼니의 연구에 따르면, 1926년부터 1993년까지 미국 시장에서 전체 기간 중 7%(60개월)에 해당하는 기간 동안 월평균

11%의 수익률 기록했지만, 나머지 93% 기간의 평균 수익률은 겨우 0.01%로 미미했다.[16] 미시건대학교의 네거트 세이번(Nejat Seyhun) 교수도 30년간 미국 주식 시장에서 발생한 95%의 수익이 약 7,500 거래일 중 단 90일(1.2%)에 집중되었음을 발견했다.[17] 이처럼 주식 시장의 수익은 극히 짧은 기간에 집중되므로, 이 핵심적인 상승 기간을 놓친다면 장기 수익률은 크게 감소한다. 상승 시점을 정확히 예측하는 것은 사실상 불가능하다. 피터 린치가 운용한 마젤란 펀드는 1977년부터 1990년까지 2,700%의 놀라운 수익률을 기록했음에도 실제로 이 수익을 온전히 누린 투자자는 절반도 안 된다. 수익률이 좋았던 시기에 투자했다가 수익률이 부진했던 시기에 돈을 빼버렸기 때문이다.

넷째, 그 외에도 장기 투자의 추가적인 이점이 있다.

장기 투자 시 복리 효과를 극대화할 수 있다. 투자 기간이 길어질수록 원금뿐만 아니라 이자에 대한 이자까지 복리 효과가 기하급수적으로 증가한다. 예를 들어, 연 10%의 수익률을 가정할 때 10년 투자는 원금의 2.59배이고, 20년 투자는 원금의 6.73배이며, 30년 투자는 원금의 17.45배다. 이처럼 동일한 수익률이라도 투자 기간이 길어질수록 자산 가치는 비선형적으로 증가한다.

장기 투자는 매매 빈도를 줄임으로써 거래 수수료, 세금 등의 비용을 크게 절감할 수 있다. 캘리포니아 주립대학의 연구에 따르면, 1991년부터 1997년 사이 여성 투자자들이 남성 투자자보다 연간 1.4% 높은 수익률을 기록했는데, 이는 주로 남성들의 잦은 매매로 인한 거래 비용 증가 때문이라고 밝혔다. 여성 투자자들은 남성보다 상대적으로 더 안정적이고 장기적인 투자를 선호했고, 결국 더 나은 성과로 이어졌다.

장기 투자는 경제와 기업의 성장에 따른 혜택을 충분히 누릴 수 있다. 역사적으로 세계 경제와 기업들은 단기적 변동에도 불구하고 장기적으로는 성장해 왔다. 장기 투자자는 이러한 성장의 혜택을 온전히 누릴 수 있으며, 특히 혁신적인 기업이나 성장 산업에 투자할 경우 그 효과는 더욱 극대화된다.

장기 투자에도 숨은 함정은 있다. 장기 투자 접근법을 채택할 때 고려해야 할 몇 가지 중요한 한계와 주의점이 있다. 1) 단기 과대 낙폭에 흔들리지 않을 사람은 드물다. 예를 들어 2000년 IT버블이나 2008년 글로벌 금융 위기와 같은 극심한 시장 하락기에 감정적 공포를 이겨내고 투자를 유지하는 것은 매우 어려운 일이다. 많은 투자자들이 이러한 시기에 전략적 자산 배분에서 주식 비중을 축소하거나 손절해 손실을 보게 된다. 2) 일본 주식시장의 사례는 장기 투자가 항상 성공하지는 않음을 보여준다. 일본의 닛케이 지수는 1989년 말 약 39,000 포인트로 정점을 찍은 후, 20년 이상 지속된 경기 침체로 인해 장기간 회복하지 못했다. 2023년에도 여전히 1989년 수준을 회복하지 못하고 있어, 장기 투자자들에게도 매우 어려운 환경이었다. 이는 특정 국가나 지역에 집중 투자하지 말고, 글로벌 우량 자산에 분산 투자할 것을 시사한다. 3) 손실 후에는 원금 회복이 어렵다. 주식에서 50% 손실은 100% 상승을 해야 원금이 회복된다. 60% 손실은 150%, 80%는 400%가 되어야 한다. 대규모 손실을 방지하는 것이 투자 성공의 핵심이다. 과도한 집중 투자나 레버리지 사용은 큰 위험이 될 수 있다. 4) 개별 기업에 장기 투자할 경우, 그 기업의 경쟁력 상실이나 산업 구조 변화에 따른 위험에 노출될 수 있다. 매년 한국 증시에서 약 50개 기업이 상장 폐지된다. 장기 투자가 '매수 후 방치(Buy and Forget)'를 의미하지는 않는다. 정기적인 포트폴리오 조정이 필요하다.

노벨 경제학상 수상자 폴 새뮤얼슨(Paul Samuelson)은 장기적으로 주식의 변동성이 줄어든다고 해도 주식 투자를 하지 않겠다고 언급했다. 그는 1% 확률로라도 25%의 손실 가능성이 있다면 투자하지 않겠다는 입장을 표명했다. 이는 고령 투자자에게 중요한 시사점을 주고 있다. 젊은 투자자와 달리 은퇴하거나 은퇴 연령에 가까운 투자자는 손실 후 회복할 시간적 여유가 없기에 특히 주의해야 한다. 은퇴 후 투자 실패 시 자산의 손실 외에도 건강에 악영향을 미칠 수 있음을 간과해서는 안 된다.

경제 환경, 시장 상황, 개별 기업의 경영 상태, 그리고 투자자 자신의 상황을 종합적으로 고려하여 투자 전략을 수립해야 한다. 장기 투자는 주식 투자 성공의 핵심 전략이지만, 이를 맹목적으로 적용하는 것보다 정기적인 포트폴리오 조정이 필요하다. 우량한 주식의 단기적 낙폭에는 인내심을 가지고 투자를 유지하되, 기업의 기본적 가치나 성장에 큰 하락이 전망된다면 과감한 손절도 필요하다. 워런 버핏도 "시간은 훌륭한 기업의 친구이지만, 열등한 기업의 적이다."라고 했다.

하지만 궁극적으로는 지속 가능한 경쟁 우위, 안정적인 수익 모델, 유능한 경영진, 건전한 재무구조를 갖춘 우량 기업에 집중 투자해 주식 시장의 등락을 인내하며 장기 투자하는 것이 변동성을 줄이면서 높은 수익을 창출할 수 있는 가장 신뢰할 수 있는 전략임은 틀림없다. 고수익을 낸 투자가들도 한결같이 장기 투자를 권고하고 있다. 크리스토프 브라운은 "주식시장에 이기기 위해서는 게임이 벌어지고 있는 시장에 항상 머물러 있어야 한다."라고 언급했다. 미국의 저명한 투자가인 트위디 브라운은 "투자 수익의 80~90%는 전체 투자 기간 중의 2~7%라는 짧은 기간에 발생했다"라고 밝힌 바 있다. 마켓 타이밍으로는 높은 수익을 내기 불가능하고 묵묵히 장기간 보유했을 때 성공 확률은 높아진다.

정액분할투자

정액분할투자(Dollar-Cost Averaging, DCA)는 투자 자본을 여러 시점에 걸쳐 일정한 금액으로 분할하여 투자하는 방식이다. 총투자금을 한 시점에 모두 투입하는 일시불 투자와 대비되는 개념이다. 위험관리와 투자 심리학 측면에서 중요한 시사점을 제공한다.

주식 시장은 예측하기가 쉽지 않다. 심지어 전문가들 또한 예측이 빗나가는 수가 비일비재하다. 거치식으로 한꺼번에 투자 시점을 잘못

들어가면 큰 폭의 손실을 볼 수 있다. 2000년 3월이나 2007년 10월처럼 시장이 정점을 찍은 이후 투자했다가 그 이후 단기적인 대폭락이 왔을 때는 충격에 빠지지 않을 수 없다. 이에 정액분할투자가 일반적으로 시장에서 많이 이용되고 있다. 시장흐름에 따라 수익률의 변동성이 있는 주식과 펀드 같은 상품에 정액분할식으로 투자하면 여러 장점이 있다. 일반적으로 시장이 급락했을 때 매수하기에 적기다. 시장이 급락한 후 주식을 추가로 매수하면 주식 수량을 늘일 수 있다.[18]

표 7-2 정액분할투자법 (단위: $)

월별/횟수	변동 국면			성장 국면		
	투자금액	주가	매수	투자금액	주가	매수
1	1,000	100	10	1,000	100	10
2	1,000	60	16.67	1,000	110	9.09
3	1,000	60	16.67	1,000	120	8.33
4	1,000	140	7.14	1,000	130	7.69
5	1,000	100	10	1,000	140	7.14
투자 금액	5,000			5,000		
총매수량			60.48주			42.25주
평균단가			82.67(5000÷60.48주)			118.34(5000÷42.25주)
최종 가치			6,048(60.48주×100)			5,915(42.25주×140)

자료: 버턴 말킬, 랜덤워크 투자수업, p.415

일정 금액을 가격 변동과 관계없이 정기적으로 투자함으로써 주식시장의 변동성을 줄일 수 있다. 주가가 낮을 때에는 더 많은 주식을 사고, 주가가 높을 때는 적게 사게 되어 평균 매입 단가를 낮출 수 있다(Cost Averaging). 주식시장은 장기적으로 상승한 점을 고려한다면 정액분할투자는 성공 가능성을 높이는 투자 전략이 될 수 있다.[19]

그림 7-6 적립식 투자 시 평균 매입 단가 하락 효과

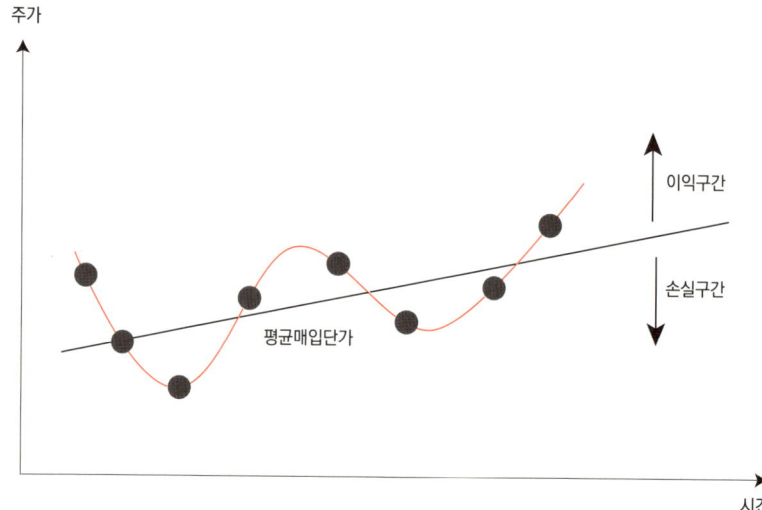

자료: 김대열, 행복한 투자의 성공 법칙, p.66

정액분할투자 방식은 한꺼번에 큰 금액을 투자하는 거치식보다 리스크를 분산시킬 수 있다. 분할 투자는 시장이 하락할 때도 꾸준히 매입해 장기 투자하면 손실을 줄일 수 있다. 장기적으로 투자함으로써 시간이 지남에 따라 복리 효과를 누릴 수 있어 자산이 지속 증가할 가능성이 높다. 큰 금액이 없어도 소액으로 부담 없이 시작할 수 있고, 시장 상황과 관계없이 지속 투자함으로 초보 투자자에게 좋다. 특히 정액분할투자는 은퇴 후 안정적인 투자를 위해서도 적합한 투자 방식이다.

여러 투자 전문가들도 한결같이 정액분할투자에 대해 극찬해 왔다. 워런 버핏은 "정액매수적립식 기법은 주가가 낮을 때 매수 수량이 증가하고, 높을 때 매수 수량이 감소하므로 장기적으로 보유 주식 매수 단가가 낮아지게 된다." 했고, 벤저민 그레이엄은 "투자에 신경 쓸 시간이 부족하다면 적립식 투자가 최고이다."라고 말했다. 피터 린치도 "하락장에 대응하는 가장 쉬운 방법은 주식이나 펀드를 계속 적립식으로 분할 투자하는 것이다."라고 언급했다.

정액분할투자는 행동경제학적 편향을 상쇄하는 효과가 있다. 손실회피(Loss Aversion, 투자자들이 이익보다 손실에 더 민감하게 반응하는 경향), 후회 회피(Regret Avoidance, 잘못된 결정에 대한 후회를 최소화하려는 심리), 시장 타이밍의 환상(Market Timing Illusion, 시장 고점과 저점을 정확히 예측할 수 있다는 과신) 등과 같은 심리적 편향을 줄이고 감정적 의사결정을 방지하는 장치가 될 수 있다. 동시에 시장 진입 타이밍 분석이 불필요하고, 위기의 시장 상황에서도 심리적 안정감을 줄 수 있다.

한편, Vanguard의 연구(2012)에 따르면 미국 주식 시장 데이터(1926-2011) 분석 결과 장기적으로는 일시불 투자가 약 2/3의 기간에서 정액분할투자보다 높은 성과를 보였다. 그러나 극심한 변동성 시기(1929년 대공황, 2008년 금융위기 등)에서는 정액분할투자가 한꺼번에 투자하는 것보다 우수성을 입증해 높은 가치를 보여 주었다. 정액분할투자는 단순한 부사 기법이 아닌, 위험 관리 원칙과 금융 심리학이 결합된 체계적인 투자 접근법이다. 이상적인 시장 예측이 가능하다면 일시불 투자가 수학적으로 우월할 수 있으나, 시장 예측의 불가능성과 인간의 심리적 편향을 고려할 때 정액분할투자는 대다수 투자자에게 합리적 대안이 되고 있다.

8장

인간에 대한 이해

1. 행동경제학 태동

주식시장에는 인간의 광기와 탐욕, 과신이 늘 살아 숨 쉬고 있다. 시장이 과열되었을 때 정작 매도 포지션을 취해야 함에도 오히려 매수함으로써 손실을 보는 경우가 있다. 반대로 시장이 공포를 느낄 때 서서히 진입해야 할 시점에 오히려 투매하는 경우도 있다. 손절매를 해야 할 때 손절을 못하고 계속 주식을 가지고 있어서 쪽박을 차는 투자자도 있다. 금융위기나 버블 붕괴와 같은 폭락장에 과민반응으로 빠져나와 큰 폭의 손실을 보는 사례도 쉽게 볼 수 있다. 이와 같은 인간의 비합리성과 편향이 투자자들의 행동에 큰 영향을 미쳐왔다. 인문학적 관점으로 돌아가 인간이 누구인지를 아는 것이 투자에 도움이 된다.

국민연금 기금이 1988년에 설치된 이후 2024년 11월 말까지의 누적 연평균 수익률은 5.92%이다. 미국 S&P500 지수의 수십 년간에 걸친 연평균 수익률은 8~10%에 불과하다. 그럼에도 몇 배 넘는 고수익을 추구하기 위해 주식 시장에 뛰어든다. 주식의 목표 수익률을 지나치게 높게 설정해 오히려 큰 손실을 보는 때가 있다. 인간은 연평균 수익률의 통계를 이기기가 쉽지 않다. 시장을 초과하여 수익률을 내기가 낮은 확률임에도 불구하고 본인은 시장 수익률을 초과하는 수익률을 낼 수 있다고 스스로 확신하는 경향이 있다. 일종의 자기 과신으로 사람이 가진 인지적 편향이 투자시장에 그대로 나타난다. 장기간에 걸친 패턴이나 확률을 무시해서는 안 된다. 객관적 시장 상황과 객관화된 자신을 바라볼 수 있어야 한다. 인간은 본능적으로 심리적 편안함을 추구하고 직관에 익숙하다. 투자시장은 직관으로 대응해서는 안 된다. 어림짐작으로 빨리 판단하고 행동하고자 한다. 편향된 나를 통제하고 스스로 훈련해야 한다.

표 8-1 시스템1과 시스템2의 특징과 장단점

구분	시스템1(직관형)	시스템2(심사숙고형)
특징	- 별다른 노력이나 의식적인 통제 없이 즉각적으로 반응한다. - 논리적 분석보다는 직관과 감정에 의존한다. - 과거의 경험, 패턴 인식, 연상 작용 등을 통해 빠르게 결론을 도출한다. - 에너지를 거의 사용하지 않아 자원 소모가 적다.	- 집중과 노력이 필요하며 신중하게 정보를 처리한다. - 논리적이고 분석적인 사고로 결론을 도출한다. - 주의력을 요구하기 때문에 에너지 소모가 많다. - 새로운 상황이나 복잡한 문제를 다룰 때 주로 작동한다.
장점	- 빠른 반응이 필요한 상황에 유용하다. - 일상적인 반복 작업이나 간단한 문제 해결에 적합하다.	- 복잡하고 중요한 문제를 해결할 수 있다. - 빠르게 판단함으로부터 오는 실수나 오류를 제어할 수 있다.
단점	- 종종 편향이나 오류를 초래한다. - 복잡한 문제나 새로운 상황에서는 부정확한 판단을 내릴 가능성이 높다.	- 느리기 때문에 긴급 상황에는 부적합하다. - 자주 사용하면 쉽게 피로하다.

대니얼 카너먼은 그의 저서 《생각에 관한 생각(Thinking, Fast and Slow)》에서 인간의 사고와 의사결정 과정을 시스템1과 시스템2

로 설명하고 있다.⁽¹⁾ 시스템1과 시스템2의 특징과 장단점은 〈표 8-1〉에 잘 나와 있다. 시스템1은 빠르고 직관적으로 행동한다. '2+4'와 같은 단순한 문제를 풀거나 출퇴근의 반복된 길을 운전할 때 시스템1이 작동된다. 이에 반해 시스템2는 고도의 주의를 기울여 신중하게 판단한다. 예를 들어 '18×27'의 복잡한 문제에 답을 구하거나 비좁은 공간에서 주차를 하는 경우다.

투자를 할 때는 시장 및 경제 상황이나 기업의 산업적인 위치, 개별 종목의 가치 등 신중하고도 종합적인 판단이 요구된다. 전형적으로 시스템2가 작동되어야 할 영역임에도 불구하고 투자하는 과정에서 시스템1이 작동해 인지적 편향을 나타낸다. 카너먼은 인간이 일상에서 정보를 판단하고 처리하는 과정에서 빈번하게 오류를 저지른다고 지적하고 있다. 그는 왜 이런 실수와 잘못이 일어나는지에 대한 깊은 통찰을 주고 있다. 주식 시장에서도 동일하게 인간의 비합리적인 심리가 반영돼 나타나기 때문에 이에 대한 통제와 극복이 결국 주식 수익률을 높이는 데 기여한다.

카너먼은 전망 이론에서 인간의 편향을 더욱 잘 밝혀내고 있다. 전통 경제학은 효용함수에 확률을 곱한 기대효용을 극대화한다. 반면에 행동경제학의 전망이론은 가치함수에 확률가중함수를 곱한 것을 극대화한다.⁽²⁾ 전통 경제학이 합리적인 인간에 기반을 두지만, 행동경제학의 전망이론은 실제 인간의 모습에 기반을 둔다. 행동경제학은 인간의 합리성을 모두 부인하는 것이 아니라 전통 경제학에서 간과하고 있는 인간의 비합리성과 편향성을 설득력 있게 제시하고 있다.

    행동경제학을 자세히 설명하기 이전에 전통 경제학을 먼저 살펴보기로 한다. 전통 경제학에서는 효용함수와 기대효용을 주된 개념으로 제시한다. 다니엘 베르누이는 효용함수를 도입하여 사람들이 어떤 불확실성을 수반하는 결정을 내릴 때 돈의 절대적 가치보다 개인의 심리적 가치인 '효용(utility)'을 극대화한다고 보았다. 베르누이는 돈과 효용 사이에는 직접적인 관계가 있지만 돈의 규모가 커짐에 따라 이 관계가 달라진다고 보았다. 예를 들어 연 소득이 10억 원인 사람에게 100만 원 추가 소득이 생기는 것보다 연 소득이 1억 원인 사람에게 100만 원의 추가 소득이 더 많은 효용을 준다는 것이다. 실제로 베르누이는 그 효용을 계산했는데 표와 같이 100만 원에서 1,000만 원으로 올라갈 때 효용이 올라가는 폭은 다르다. 100만 원에서 200만 원으로 증가하면 효용은 20만큼(10→30) 증가하는데 900만 원에서 1,000만 원으로 증가하면 효용이 불과 4(96→100)만 증가한다. 사람은 절대적 금전적 이익만이 아니라 오히려 개인적 만족과 이득을 포괄하는 효용에 따라 선택했다.

표 8-2 돈과 효용 사이의 관계

부(100만)	1	2	3	4	5	6	7	8	9	10
효용	10	30	48	60	70	78	84	90	96	100

자료: 대니얼 카너먼, 생각에 관한 생각, p.404

부가 커질수록 효용의 증가 폭이 줄어드는 베르누이의 효용표는 위험회피를 설명한다. 다음의 경우를 살펴보자.

① 100만 원과 700만 원을 같은 확률로 가질 수 있는 기회→ 기댓값 400,
   효용 (10+84)/2=47
② 확실하게 400만 원을 가질 수 있는 기회→기댓값 400, 효용 60

베르누이의 효용표에 따르면 ①의 경우, 100만 원과 700만 원을 1/2 확률로 가질 수 있는 기회가 있다면 기댓값은 400만 원이고 효용은 47이다. ②의 경우, 확실하게 400만 원을 가질 수 있다면 기댓값은 400만 원이고 효용은 60이다. 60은 47보다 크기 때문에 개인은 확실한 것을 위험한 것보다 선호해 사람은 ②를 선택해 위험회피 성향을 보인다는 것을 보여주고 있다.

베르누이의 주장은 지금도 전통 경제학의 기반이 되고 있다. 부의 한계효용이 줄어드는 것을 전통 경제학에서는 '한계효용체감의 법칙'이라 부른다. 이 효용곡선에서 무차별곡선이 도출되고 무차별곡선에서 수요이론이 나오게 된다. 여기에서 카너먼은 각자가 가진 기준점이 있다고 보았다.

카너먼과 트버스키는 1979년 〈전망 이론〉이라는 논문에서 전통 경제학을 비판하였다. 사람들은 이득보다 손실을 더 회피하고 싶어 하고, 의사결정을 할 때 객관적 확률이 아닌 주관적인 확률에 기반하여 판단

한다고 보았다. 전망이론은 가치함수의 확률가중함수에 기반을 두고 있다. 가치함수는 이익과 손실에 대한 사람들의 효용을 나타낸다. 가치함수는 준거점, 손실 회피, 민감도 체감성과 같은 특징을 갖는다.[3]

가치함수는 준거점을 기준으로 이득과 손실을 평가한다. 개인마다 준거점이 다르며 그 준거점을 기준으로 이득과 손실에 대해 그 가치를 다르게 매긴다. 전통경제학의 기대효용이론과 달리 부의 절대적 수준이 아니라 선택하는 사람의 준거점에서 이익 또는 손실이라는 상대적 기준으로 의사결정이 이루어진다. '준거점을 기준으로' 이득과 손실이 나뉠 때 이득일 때 기울기와 손실일 때의 기울기는 서로 다르다. 전체적으로 S자 형태를 이루지만, 준거점을 기준으로 대칭이 아니다. 〈그림 8-1〉에서 보듯이 기울기가 이익 부분보다 손실 부분에서 더 가파르다.[4]

그림 8-1 가치 함수

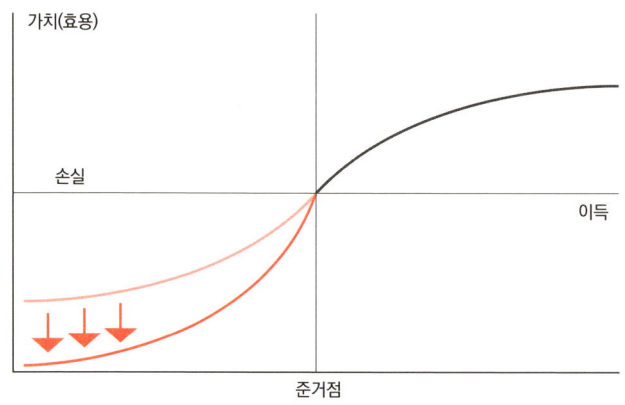

자료: 김경록, 성장이 멈춘 시대의 투자법, p.173

사람들을 대상으로 ①과 ②에서의 선택을 물어본다.

① 확실히 900만 원 얻기 vs. 1,000만 원 얻을 수 있는
   90퍼센트 확률(기댓값 900만 원)
② 확실히 900만 원 잃기 vs. 1,000만 원 잃을 수 있는
   90퍼센트 확률(기댓값 900만 원)

대부분 ①에서는 900만 원 이익을 확정하고, 1,000만 원 얻을 수 있는 내기를 하지 않지만, ②에서는 900만 원 잃기를 확정하지 않고, 10퍼센트 확률로 1,000만 원을 잃지 않는 것에 내기를 건다. 전통 경제학은 ①을 설명하지만 ②를 설명하지 못한다. 하지만 전망이론은 준거점을 기준으로 한 손실 회피로 이를 설명한다. 사람들은 손실을 이익보다 훨씬 싫어하기 때문에 손실을 확정 짓기보다는 손실이 더 커질 수도 있는 위험한 도박을 선택하게 된다. 그래서 주식을 샀다가 손실을 보게 되면 이러지도, 저러지도 못하고 마냥 손실 난 주식을 보유한다. 손실은 확정 짓지 않고 회복을 기다리는 비합리적인 행동을 하게 됨으로써 손절하지 못하게 된다.

전망이론의 두 번째 개념은 확률가중함수다.[5] 〈그림 8-2〉에 나타나듯이 가로축이 객관적 확률이고, 세로축은 사람들이 생각하는 주관적 확률이다. 확률가중함수의 45도 선은 사람들이 확률을 있는 그대로 받아들이는 것을 의미한다. 객관적 확률과 실제 확률이 교차하는 지점이 0.35다. 확률가중함수는 0.35보다 낮은 확률에서는 과대평가

하고, 0.35보다 높은 확률에서는 과소평가한다. 인간은 상황에 따라 과대평가 또는 과소평가의 인지편향이 빈번하게 나타난다. 예를 들어 로또가 당첨될 객관적 확률은 극히 낮은데도 로또를 사는 사람은 당첨 확률보다 훨씬 높은 수준의 주관적 확률을 부여한다. 당첨 가능성을 과대평가한다. 반면 주식은 장기적으로 채권보다 높은 수익을 안겨줄 가능성이 높지만, 2008년 글로벌 위기 같은 사태가 일어날 것을 우려해 수익의 가능성을 과소평가한다. 주식의 투자 비중을 늘리지 못하는 이유다.

그림 8-2 확률가중함수

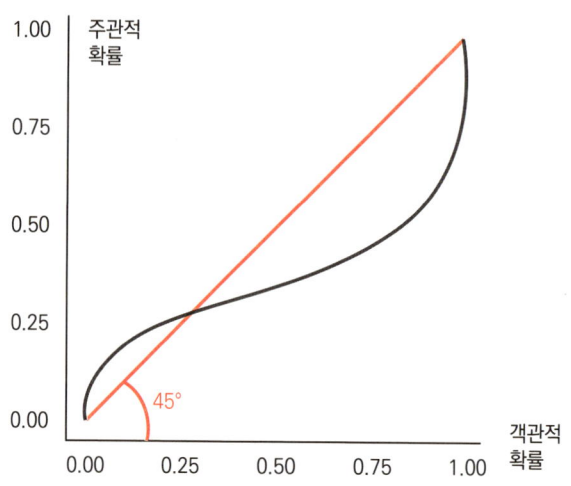

자료: 김경록, 성장이 멈춘 시대의 투자법, p.173

주식 '종목' 투자에도 적용할 수 있다. 많은 사람은 주식 종목에서 1~2루타(1루타는 투자 수익률 100%를 말함)를 원하지만, 행동 경제학 연구에 따르면 장기간에 걸쳐 시장 수익률을 상회하는 개인투자자는 약 5~10%에 불과하다. 대다수 개인투자자의 실적은 시장 수익률에 미치지 못하는 것으로 나타났다. 사람들은 자신이 1~2루타의 높은 수익률을 낼 수 있으리라 과대평가하고, 개별 주식 종목 선정이 시장 평균치에 못 미칠 수 있음에 대해서는 과소평가한다. 그러다 보니 주식에 투자할 때 원금의 1~2배 목표로 뛰어들고, 수익률이 시장 평균치에도 못 미치는 경우가 많다. 주식 투자 시 기대수익률은 객관적인 시장의 확률을 고려해 적절한 수익을 목표로 세워야 한다. 지나친 기대수익률은 변동성이 커져 위험할 수 있다.

2. 인간의 인지적 편향 양태

휴리스틱(Heuristics)과 편향

사람들은 복잡한 문제를 단순화하기 위해 휴리스틱(경험적 규칙)을 사용하지만, 여러 가지 편향을 초래할 수 있다. 최근에 접한 정보나 생생한 사건에 과도하게 의존하여 판단을 내리는 가용성 휴리스틱이 있다. 예를 들어 항공사고가 일어날 확률은 극히 낮음에도 불구하고 항공사고 뉴스를 보고 비행기 탑승을 과도하게 위험하게 보는 경우다. 특정 사례가 전체 집단을 잘 대표하고 있다고 과대평가하는 대표성 휴리스틱도 있다. 지난해 고수익을 낸 펀드 매니저가 올해도 고수익을 낼 것으로 보고 투자 결정을 하는 경우가 여기에 해당한다. 기준점 휴리스틱도 있다. 초기에 주어진 정보나 수치에 과도하게 의존하여 판단하는 경우이다.

휴리스틱 사용으로 인해 발생할 수 있는 오류를 편향이라고 한다. 자신이 기존 신념과 일치하는 정보만 선택적으로 수용하는 확증 편향, 자신의 능력이나 판단에 대해 과도하게 신뢰하는 과신 편향, 결과를 알고 난 후 그것이 당연하다고 해석하는 사후 확신 편향, 통계적 확률을 무시하고 개별 사례에 과도하게 집중하는 기저율 무시 등 여러 형태로 편향이 나타난다.

자기 과신

인간의 전형적인 실수 중 하나가 현재 자신의 능력을 과신하고 본인의 시각이 옳다고 생각하는 경향이 있다. 주식 시장에서 투자자들은 자신의 판단이나 예측 능력을 과대평가하고, 미래 시장을 예측할 수 있다고 쉽게 믿는다. 주식 초보자가 처음 시장에 들어서면서 운이 좋아 몇 차례에 걸쳐 수익을 실현할 수 있다. 이런 성공은 본인 스스로가 주식 투자에 능력이 있음을 과신하게 돼 더 큰 자금을 무리하게 투입해 결국 큰 손실을 보기도 한다.

주식 종목을 임의로 선택하는 전략과 시장지수에 투자하는 전략을 시뮬레이션을 통해 비교했을 때 96%는 지수 전략의 수익률이 종목 선택 전략보다 좋았다. 많은 사람이 4%에 해당하는 슈퍼 종목을 선택할 수 있다는 착각을 하게 된다. 낮은 확률이지만 본인이 하면 확률이 높아진다고 본다.[6]

대니얼 카너먼은 투자자 사이에서도 과신이 뚜렷하게 나타난다고 지적했다. 투자자는 자신의 투자 기술을 과신하고 시장을 이길 수 있다고 과신 성향을 보였다. 투자 위험을 과소평가했으며 확률 법칙을 곧잘 무시하는 성향을 드러냈다. 자신의 지식을 과대평가하고 개인의 통제력을 지나치게 과장했다. 이에 따라 잦은 매매를 하게 된다. 불필요한 거래 비용을 증가시키고, 수익률은 더 낮은 결과만 낳았다. 이런 과신 경향은 여자보다 남자가 더 강하게 보인다. 남자는 여자보다 더욱더 낙관적으로 전망해 주식매매를 자주 거래한 결과 실적이 여자보다 더 안 좋은 것으로 나타났다. 또 투자자들은 미래 기업의 성장을 예측하는 자신의 능력을 과신하기 때문에 성장주를 과대평가하게 된다.

성장주는 급속한 성장 기대와 달리 주식 가치가 실현되지 않아 큰 폭으로 주가가 떨어지는 수가 많았다. 장기적으로 보면 성장주가 가치주보다 실적이 더 저조한 양상을 보였다는 연구 결과도 있다.

확증 편향

확증 편향은 정보를 처리하는 과정에서 자신의 기존 신념이나 가설을 스스로 왜곡하거나 정보를 선택적으로 수집하고 해석하는 경향을 말한다. 새로운 정보가 주어졌을 때 그 정보가 자신의 신념과 일치하면 받아들이고, 그렇지 않을 경우 무시하거나 왜곡하는 방식으로 나타난다. 예를 들어, 어떤 사람이 특정 정치적 견해를 가지고 있다면 그 견해를 지지하는 정보나 기사를 더 많이 읽고, 반대되는 정보나 기사는 비판적으로 바라본다. 확증 편향에 빠져 자신이 원하는 정보 이외는 무시하고 자신이 보고 싶은 것만 보게 된다. 유튜브, 블로그, SNS 등에서 같은 성향을 지닌 사람들과 더 많은 시간을 교류하며 확증 편향을 강화한다.

이런 확증 편향은 주식 투자에도 쉽게 나타난다. 바이오 관련주를 가지고 있다면, 그 바이오와 관련된 정보만 보게 되고 낙관적으로 해석한다. 반면에 바이오주의 고평가된 부분과 그 위험은 애써 외면하게 된다. 확증 편향을 줄이기 위해서는 다양한 관점으로 바라보고자 노력하고, 자신의 신념에 대해서 객관화 과정을 통해 재해석할 필요가 있다. 다양한 정보를 접하고, 전문가들의 다른 견해에 대해서도 귀를 기울여야 하는 이유다.

닻내림 효과(Anchoring Effect)

배가 닻(anchor)을 내리면 닻과 배를 연결한 밧줄의 범위 내에서만 움직일 수 있듯이 닻내림 효과는 처음 정보나 숫자가 기준점이 되어 그 이후의 판단과 결정에 영향을 미치는 심리적 현상을 말한다. 처음 제시된 가격이 이후 다른 가격을 평가하는 기준점이 된다. 이런 현상은 쇼핑, 협상, 마케팅, 심지어 주식 시장에 이르기까지 광범위하게 자주 일어난다.

예를 들어 백화점 남자 정장 매장에서 상품 가격이 A는 120만 원, B는 69만 원으로 진열되었다고 가정해 보자. 매장 매니저는 고객에게 A 상품을 먼저 제안한다. 이후 B 상품을 추가 안내한다. 이때 소비자는 비싼 A 제품 가격에 부담을 느끼고, 상대적으로 가격이 낮은 B 제품에 구매 욕구를 높이게 된다. A가 기준점(닻)이 돼 B 제품의 가격 판단에 영향을 미치게 되는 것이다.

주식 투자에서도 닻내림 효과가 나타난다. 특정 주식 초기 가격이 50,000원이라면, 이후 주가가 하락해 40,000원으로 떨어졌을 때, 이전 가격이 초기 기준점(닻)이 되어 40,000원으로 떨어진 주식을 저평가되었다고 받아들인다. 기업 가치가 떨어진 본질은 못 보고, 단지 가격이 떨어졌다는 이유만으로 매수에 참여하는 잘못을 저지른다. 기업의 객관적인 재무 상태나 가치를 종합적으로 고려하지 않고, 초기 주가를 기준으로 투자를 결정하는 오류를 범할 수 있다.

틀짜기 효과(Framing Effect)

동일한 사실이라도 긍정적 프레밍과 부정적 프레밍으로 제시되면 사람들의 선택이 달라진다. 예를 들어 '80% 생존율'로 표현되면 긍정적으로 받아들여 지지만, '20% 사망률'로 표현되면 부정적으로 다가온다.

긍정적인 프레밍에서는 안전한(A) 선택을 했고, 부정적 프레밍에서는 위험 감수(B)를 선택했다. 긍정적 프레밍은 위험 회피 성향을 보였고, 부정적 프레밍은 위험 감수 성향을 보였다. 투자 옵션을 이익의 관점에서 제시할 때와 손실의 관점에서 제시할 때 투자자들의 반응이 다르다. 이익 관점에서는 위험을 회피하는 경향이, 손실 관점에서는 위험을 추구하는 경향이 나타난다. 틀 짜기 효과는 사람들이 정보를 처리하고 결정하는 방식에서 심리적 편향이 존재함을 보여준다. 단순히 객관적이고 합리적인 방식에 의존하지 않고, 정보가 제시하는 방식에 따라 의사결정이 달라졌다.

투자자들이 틀 짜기 효과의 영향을 최소화하기 위해서는 객관적인 데이터에 기반한 의사결정, 장기적 투자 관점 유지, 그리고 다양한 시각에서 투자 정보를 분석하는 것이 중요하다.

군중 행동

인간은 언제나 합리적으로 행동하지 않고 심리에 쉽게 좌우된다. 투자시장에서도 인간의 병적인 군중 행동이 간헐적으로 나타난다. 17

세기 튤립 투기, 2000년 인터넷 버블, 2001년 밈 주식 열풍 등이 주식시장에서 나타난 인간의 광기를 잘 보여준다.

《비이성적 과열》의 저자 로버트 실러는 금융 시장의 변동성을 설명하는 데 있어 '피드백 고리'에서 투기적 버블이 형성되고 붕괴하는 과정을 언급했다. 먼저 주가 상승을 유도하는 최초의 사건이나 정보의 촉발 요인이 있고, 이에 따라 가격이 상승하기 시작하면 많은 투자자가 참여하게 된다. 그 이후 가격 상승과 관련된 이야기가 언론이나 입소문을 통해 빠르게 확산하면서 투기에 가담하게 된다. 결국 주가가 정점에 이르게 되고 전망한 미래 성장이 뒷받침되지 않으면서 피드백 고리는 반대 방향으로 작용하여 주가는 폭락하게 된다. 이런 군중 행동은 기업의 실적이나 재무 상태와는 별개로 소셜 미디어와 온라인 커뮤니티, 입소문 등에 의해 특정 주식에 대한 정보가 빠르게 확산, 개인 투자자들이 대거 매수에 가담하면서 주가가 급등하게 된다. 변동성이 높은 위험한 주식임에도 불구하고 투자자들은 매수에 가담하게 돼 큰 손실을 보는 경우가 많다.

3. 투자에 구체적 적용

지금까지 투자 시장에서는 인간의 합리성이 작동되는 효율적인 시장이 아니라 인간의 심리나 광기가 쉽게 나타나 투자 위험성을 초래하고 있다는 것을 2002년 노벨 경제학상을 수상한 카너먼과 트버스키 행동경제학 이론을 통해 살펴보았다. 성공적인 투자를 위해서는 인간의 비합리성을 알고 쉽게 빠져들 수 있는 편향을 늘 인지해야 한다. 우리 인간이 심리에 얼마나 취약한 존재인지 이해하고, 투자 시장에 잘 적용해 성공적인 투자로 끌어내야 할 과제를 안고 있다.

투자의 성공은 나 자신을 아는 데 있다. 자신이 투자 정보를 어떻게 소화하고, 의사 결정하는지 스스로 잘 알아야 한다. 주위 정보를 객관적으로 검증하지 않고 풍문에 따라 쉽게 종목을 결정하고 있지 않는지, 자신이 군중 심리에 빠져 판단력을 잃어버리고 있지 않는 지, 투자 시장에서 왜 반복적이고 습관적인 잘못을 저지르는지 돌아봐야 한다. 인간인 나는 누구인가? 투자를 하는 나는 누구인가? 내가 누구인지에 대한 궁극적인 탐색이 필요하다.

빈번한 매매를 하지 말라
행동경제학자는 투자자들이 자기과신 성향이 있어 지나치게 자주 거래하고 있음을 지적했다.

바버와 오딘은 1991~1996년 사이 약 6만 6천 가구의 투자 행태에 관한 데이터를 분석했다. 그 결과, 일반 가구의 평균 수익률은 16.4%임에 반해 자주 거래를 한 가구의 수익률은 11.4%로 저조했다.[7] 2021년 피델리티 인베스트먼츠에서 비슷한 연구가 있었다. 2011~2020년까지 520만 고객 계좌를 분석한 결과 여성 고객이 남성 고객보다 훨씬 높은 수익률을 보였다. 남성 고객이 여성보다 두 배 높은 거래 빈도를 보였다.[8] 잦은 매매는 거래비용만 높이고 자산 투자에 전혀 도움을 주지 못하고 있다.

투자자의 이런 행동은 고수익률에 전혀 도움을 못 주고, 단지 세금과 거래비용만 발생시키고 있다.

군중 심리에 휩쓸리지 말라

1630년대 후반 네덜란드에서는 튤립 버블이 있었다. 당시 인간의 광기가 주식 시장에 나타나 극심한 투자 쏠림이 일어났다. 최고조에 오른 튤립 가격이 당시 미국의 집 한 채 값과 맞먹을 정도였다고 한다. 바보나 무식한 사람만이 투자 버블에 당한다고 생각할 수 있지만, 천재 물리학자 아이작 뉴턴도 영국의 남해회사 주식을 샀다가 버블 때문에 피해를 본 적이 있다. 뉴턴은 주식 투자로 혹독한 실패를 경험하고 나서 "천체의 움직임은 계산할 수 있지만, 인간의 광기는 예측할 수 없다"라고 했다.

주식 시장에서 과도한 쏠림 현상은 늘 주의해야 한다. 대중의 심리가 한쪽으로 몰리면 특정 주가가 내재된 가치보다 과도히게 상승하는 경우가 종종 발생한다. 단적인 예가 2000년 인터넷 버블이다. 2000년 초 첨단 기술과 인터넷 관련 주식은 신경제가 펼쳐진다는 사람들의 주목을 받으며 급상승했다. 실제로 이익을 내고 있는 우량한 가치주에서 자금이 빠져나가 인터넷 관련 성장주에 자금이 대거 유입되었다. 하지만 얼마 못 가서 성장주는 급락해 투자자에게 큰 폭의 손실을 안겼다. 반면 이후 가치주는 성장주보다 높은 수익률을 가져주었다.

투자자들은 주가가 정점이나 그 근처에서 모두가 열광할 때 시장에 진입하고, 모두 비관하여 공포를 느낄 때 그 저점에서 시장에 빠져나오기 쉽다. 투자 고수는 시장이 정점일 때 차익을 실현하고, 공포를 느끼는 저점에 진입한다. 워런 버핏은 "남들이 욕심을 낼 때 두려워하고, 남들이 두려워할 때 욕심을 내야 한다"라고 했다. 상승장에서는 위험이 적게 보일 수 있으나 정점에 도달하면서 점차 위험은 커진다. 반면 하락장에서는 위험이 크게 보일 수 있으나 바닥에 도달하면서 점차 위험은 감소한다. 상승장에서 아무도 리스크를 겁내지 않을 때가 리스크가 가장 클 수 있음을 알아야 한다. 동시에 하락장에서 시장이 두려워 아무도 진입하려 하지 않을 때가 리스크가 가장 작은 상태일 수도 있음을 기억해야 한다.

투자 시 현금 비중을 관리하라

현금 보유도 투자다. 항상 주식만 가지고 있어야 한다는 강박 관념에서 벗어나야 한다. 투자금을 주식 100%로 가지고 있는 사람과 주식을 보유하되 일정 부분 현금을 가지고 있는 사람과는 투자 심리가 다르게 작용한다. 현금과 주식의 배분 비중이 얼마인가에 따라 투자자산의 기대수익률과 변동성이 달라질 수 있다. 주가가 급락하는 상황이 오더라도 잔고에 현금이 남아 있기 때문에 심리적으로 평정을 유지할 수 있다.

투자자는 자신의 투자 성향을 고려하여 주식과 현금성 자산의 비중을 적절하게 조절할 필요가 있다. 특정 개별 주식을 매수할 때도 분할 매수한다. 초기 매수한 가격에서 주가 흐름에 나쁜 영향이 없음에도 주가가 하락할 때 확보된 현금으로 추가 매입하면 평균 매입 단가를 낮출 수 있다. 매수한 주식 종목이 아직 상승추세가 남아 있고 여전히 시장에서 저평가되었다고 확신하면 추가 매입해도 무방하다.

무자지금 비중관리는 특정 개별 주식에서 더 확장해 펀드나 ETF에도 동일하게 적용할 수 있다. 주식장이 불안할수록 일정한 부분 현금을 보유하면 심리적으로 안정감을 가질 수 있다.

주변 정보나 소음에 냉정하라

요즘은 전자공시제도가 있어 기업이 투자자들에게 중요한 정보를 신속하고 정확하게 제공하고 있다. 그럼에도 시장에서는 온갖 부정확한 주식 정보를 접하게 된다. 특정 회사 CEO나 임원 관계자에 따르면 회사가 이런저런 호재가 있어 대박 날 거라는 이야기가 나돈다. 미확인된 정보가 사람들의 입에 오르내리면서 왜곡, 확대, 재생산된다. 이런 신뢰할 수 없는 정보를 개인은 사실인 양 믿고 투자하다가 손해를 보게 되는 경우가 많다. 확인되지 않는 정보에 매매하는 것은 금물이다.

공모주는 높은 위험이 따른다. 공모주는 그다지 좋은 투자 대상이 못 된다. 개인은 공모주로 대박을 터뜨리기가 쉽지 않다. 공모주를 발행하는 회사의 특수 관계자나 초기 기관 투자가들만이 고급 정보를 가지고 이익을 향유한다. 시장에 나온 공모주는 이들이 먹고 남은 부분에 불과하다고 봐야 한다. 정보의 비대칭으로 위험하다. 공모된 주식이 상장되면 주가는 첫날 상장된 가격을 오래 지속하지 못하고 이내 하락한다. 특수 관계자가 일정 기간 내 매매하지 못하도록 규정한 기간이 있지만, 그 일정 기간이 끝나고 나면 주가는 대개 큰 폭으로 하락하는 경우가 많다. 특히 강세장 말기에 실적이 안 좋은 기업이 발행하는 전환사채(CB)는 극히 위험할 수 있으니 주의해야 한다.

소위 말하는 투자 전문가나 펀드 매니저, 증권사 직원에게 너무 의존하는 것도 바람직하지 않다. 투자 전문가나 펀드 매니저의 예측이 빗나가기 쉽고, 공개된 과거의 높은 수익률은 일시적 현상일 수도 있다. 투자 회사나 증권사 직원의 추천은 고객의 수익률 제고보다는 교체 매매에 따른 수수료 발생으로 인한 회사의 이익이나 직원의 수당을 높이기 위함일 수 있다. 투자자는 증권시장이나 자산운용사의 근본 생태계를 읽어 낼 수 있어야 한다.

인내하라

주식 시장은 살벌하고 무서운 시장이다. 주식 시장에서 성공하는 사람들은 주기적으로 손실을 보고, 실패를 당해도 주식 시장에 머물러 있는 사람이다. 끔찍한 폭락이나 예기치 못한 사건이 일어나도 포기하지 않는다. 투자하면서 실패와 좌절의 시간을 극복하고, 주가 상승과 회복을 기다리는 인내심과 평상심이 필요하다. 워런 버핏은 "주식 시장은 참을성 없는 사람으로부터 참을성 있는 사람에게 돈을 옮겨주는 장치다. 성공적인 투자는 시간과 절제력, 인내심이 필요하다"라고 말한 바 있다. 애플의 공동 창립자인 스티브 잡스는 스탠퍼드 대학교의 졸업식 축사에서 "삶이 벽돌로 여러분의 머리를 내려칠 때가 있다. 그래도 신념을 잃지 말라."라고 멋진 말을 남기기도 했다.

고전 중에 단테의 신곡이 있다. 신곡의 주제가 우리 인생은 비록 지옥 같은 땅에서 살고 있지만, 희망을 버리지 않고 인내하면 연옥을 거쳐 천국에 도달할 수 있다는 것이다. 성경에 고린도 전서 13장에 사랑에 대한 정의가 나온다. 4~8절에 '사랑은 오래 참고… 모든 것을 견디느니라'라고 했다. 사랑은 처음이 '오래 참고'로 시작해서 '모든 것을 견디느니라' 하면서 끝내고 있다. 사랑도 인내다. 그러고 보면 인생도 사랑도 투자도 인내해야 성공할 수 있다는 데 공통점이 있다.

투자시장에서도 성공하려면 인내심이 필요하다. 좋은 주식은 오래 가지고 있어야 한다. 큰 폭의 주가 상승은 단시간에 일어난다. 그 마켓 타이밍을 잡기가 쉽지 않기에 좋은 주식을 보유, 인내하면서 장기 투자해야 축제의 장을 열 수 있다. 인내심이 강하고 쉽게 흔들리지 않는 기질을 가진 투자자가 성공할 수 있다.

9장

실전 가이드

1. 지식 습득과 사회적 관계망을 구축하라

지식 습득과 사회적 관계망 구축은 성공적인 삶을 위한 필수 요소다. 투자 시장에서도 마찬가지다. 책과 신문을 통해 유용한 지식과 정보를 얻고, 사회적 관계망을 통해 시장을 보는 통찰력과 안목을 갖춰야 한다.

자기 계발의 가장 효과적인 방법 중 하나는 독서이다. 존 템플턴은 "성공을 준비하는 사람은 늘 도서관에 다닌다. 성공하는 사람은 다른 사람에게서 배운다. 직업을 갖고 일을 시작하면 책은 더 중요한 자산이 된다."라며 독서의 중요성을 강조하고 있다. 세계적인 기업가인 마크 저커버그, 빌 게이츠, 제프 베이조스는 한결같이 독서광이었다. 투자의 대가 워런 버핏도 하루 약 6시간을 독서에 할애했다. 그의 투자 서신에서는 풍부한 인문학적 지식이 고스란히 드러난다. 지식이 반드시 성공을 보장하지는 않지만, 성공 확률을 높이는 것은 분명하다. 특히 불확실성이 높은 투자 세계에서 지식은 생존을 위한 필수 도구이다.

책과 더불어 경제 신문을 정기적으로 읽는 것도 중요하다. 워런 버핏을 비롯한 많은 성공한 사람들이 아침을 신문 읽기로 시작하는 이유가 있다. 신문은 새로운 정보를 접하고 세상의 변화를 파악하는 창구이다. '신문은 역사의 초고'라는 말처럼, 신문은 현재 일어나는 역사를 담고 있다. 특히 경제 신문은 투자자에게 나침반이자 지도와 같다. 개별 기업의 현재 상태는 재무제표로 파악할 수 있지만, 그 기업이 속한

실전 가이드 171

산업과 경제의 미래 흐름을 읽어 내는 데는 경제 신문이 중요한 역할을 한다.

사회적 관계망은 단순한 친목 모임을 넘어서는 가치를 제공한다. 자신보다 뛰어난 사람들, 다양한 분야의 전문가들과의 교류는 우리에게 새로운 관점과 정보를 제공한다. 우리가 알지 못했던 기회를 발견하게 하고 삶의 지혜를 얻는 통로가 된다. 중요한 점은 이러한 관계가 일방적이어서는 지속될 수 없다는 것이다. 좋은 네트워크를 유지하기 위해서는 자신이 남에게 가치 있는 존재여야 관계가 계속 유지될 수 있다. 스스로가 유용한 지식, 정보, 통찰력을 갖추어야 한다. 네트워크의 질은 자신의 역량에 비례한다.

성공적인 투자를 위해서는 거시적 관점에서 미시적 관점으로 이동하는 것이 효과적이다. 숲을 보고 나서 나무를 보는 순서다. 신문 읽기를 통해 우리는 세부 사항인 현미경적 시각과 큰 그림을 보는 망원경적 시각을 동시에 얻을 수 있다. 성공적인 삶을 위해서는 지속적인 학습과 의미 있는 인간관계 구축이 필요하다.

2. 절약, 저축은 기본이다

자산 증식의 기본은 저축이다. 저축을 통해 종잣돈(초기 투자금)을 마련하고, 이 자금을 다양한 투자자산에 배분하여 자산을 불려 나가는 것이 중요하다. 자산 형성 초기에 돈을 잃게 되면 복리의 마법이 작동할 시간과 기회를 잃게 돼 자산 증식 속도가 크게 둔화한다.

워런 버핏은 "인생은 눈덩이를 굴리는 것과 같아서 잘 뭉치는 눈과 경사가 길게 이어진 언덕만 찾으면 성공할 수 있다."라고 말했다. 이 말은 저축과 투자의 본질을 잘 설명하고 있다. 눈덩이가 굴러갈수록 크기가 점점 더 커지는 것처럼, 저축과 투자도 시간이 지남에 따라 복리 효과로 인해 자산이 점점 더 빠르게 증가한다. 바로 '스노볼 효과'이다. 초기에는 성장이 느려 보일 수 있지만, 시간이 지날수록 이전에 발생한 이자에 대해서도 이자가 붙기 때문에 자산 증가 속도가 가속화된다. 저축을 하루라도 빨리 시작하는 것이 중요하다. 일찍 시작할수록 복리의 혜택을 더 오래 누릴 수 있기 때문이다.

효과적인 저축을 위해서는 몇 가지 원칙을 따르는 것이 좋다. 1) 소득보다 적게 지출하는 것이 기본이다. 검소한 생활 습관을 유지하는 것이 장기적인 자산 형성에 도움이 된다. 2) 소득이 발생하면 먼저 일정 부분을 저축·투자하고, 남은 금액으로 생활하는 습관을 들이는 것이 중요하다. 3) 가능하면 체크카드를 사용하여 실제 보유한 금액 내에서만 지출하는 습관을 기르는 것이 좋다. 신용카드는 과소비를 유발하기 쉽다. 4) 입출금이 자유로운 일반 예금보다는 CMA(Cash Management Account)와 같은 금융상품을 활용하면 유동성을 유지하면서도 더 큰 수익을 얻을 수 있다.

원금 1억 원을 만들기 위해 수익률을 달리하여 기간별 매월 적립금을 예시로 작성해 보았다. 복리 이자를 가정하고, 매년 이자를 재투자했다. 〈표 9-1〉에서 보면, 수익률이 높을수록 적립금이 적어지는 것을 알 수 있다. 자신의 투자 목표와 상황에 맞게 계획을 세워보자.

표 9-1 기간·수익률별 모아야 하는 매월 적립금

기간/수익률	3%	6%	8%	10%
5년	144,430	135,110	128,360	122,910
10년	68,970	61,580	55,530	50,370
15년	45,560	37,530	30,850	25,610
20년	34,230	24,490	17,760	12,180
25년	27,000	16,650	11,020	6,370
30년	22,080	11,810	7,300	3,460

일상에서 술술 나가는 돈을 통제, 관리하는 것이 자산 증식의 시작이다. 불요불급한 소비를 최대한 억제해야 한다. 기업이 재무상태표와 현금흐름표를 작성하듯이 개인도 자산과 부채, 수입과 지출을 작성하고 정기적으로 평가해야 한다. 가계부 작성을 통해 불필요한 지출은 없는지, 과다한 소비는 없는지를 들여다보고 자금을 통제·관리해야 한

다. 중세 인문학자 에라스무스는 "절약은 꽤 짭짤한 수입이다"라고 말했다. 소득이 아무리 많더라도 과소비하면 노후에 재정적 어려움을 겪을 수 있다. 자산 증식은 저축과 절약에 있다. 꾸준한 저축 습관을 통해 종잣돈을 마련하고, 시간이 지날수록 복리의 힘을 활용하여 자산 증가 속도를 높여나가야 한다.

3. 비과세, 절세 상품을 적극 이용하라

금리가 높거나 세금 혜택을 주는 예금 상품에 넣어 복리로 불려 나가는 것이 돈을 모으는 지혜다. 예금은 상호저축은행 등 제2금융권이 금리가 높다. 과거 2010년대에 연이은 상호신용금고의 파산이 많은 사람들에게 고통과 우려를 준 적이 있다. BIS 자기자본비율이 8%보다 높은 자산 건전성 좋은 곳을 택하면 된다. 예금자보호법에 따라 원금과 이자를 합해 1인당 5,000만 원까지 보호받을 수 있다. 단위 농협, 수협, 신협, 새마을 금고는 1인당 3,000만 원 내에서 농어촌특별세 1.4%만 내는 저율과세를 이용해도 좋다. ISA(개인종합자산관리계좌)는 중요한 절세형 상품 중 하나이다. 세제혜택을 받기 위해서는 3년 의무가입을 요한다. 납입 한도는 연간 2천만 원이고, 총 납입할 수 있는 금액은 1억까지다. ISA 하나의 계좌에서 예금, 주식, 펀드 등 다양한 상품에 투자할 수 있다. ISA는 수익 200만 원(서민형은 400만 원)까지 비과세이고, 이 금액을 초과하는 수익 부분은 9.9%로 저율 분리 과세가 적용된다.

세제 혜택에는 단연 연금저축과 개인형퇴직연금(IRP)이 최고다. 개인들의 노후 대비를 위해 국가 차원에서 제도적으로 세액공제와 과세이연 등 각종 세제혜택을 지원해 주고 있다. 연금저축과 IRP를 합친 가입 금액 한도는 연간 1,800만 원이다. 연금저축은 가입 대상에 있어 나이 제한, 소득금액, 자격 요건 등 제약이 없다. 최소 가입 기간은 5년 이상이며, 연금 수령 요건은 55세 이후 최소 10년 이상 기간을 정하여 수령 가능하다. 연금저축 가입 시 연간 600만 원 한도로 13.2%가 세액 공제된다. 근로소득만 있고 총급여가 5,500만 원 이하인 경우 또는 종합소득 금액이 4,500만 원 이하인 경우는 16.5%가 세액 공제된다. 연금 수령 시 연금소득세가 연령별로 달라진다. 55세 이상 70세 미만은 5.5%, 70세 이상 80세 미만은 4.4%, 80세 이상은 3.3% 부과된다. 연금으로 수령하는 소득금액이 공적연금을 제외하고 1,500만 원을 초과할 경우 종합소득과세 또는 16.5% 분리과세를 선택하여 신고 납부하면 된다.

IRP는 퇴직급여(DC) 혹은 별도의 추가 가입금을 입금하여 운용한 뒤 55세 이후 연금으로 수령하는 경우 세제 혜택이 주어지는 연금 상품을 말한다. IRP가 초기에는 퇴직연금제도가 도입된 직장의 가입자들을 위한 제도였으나, 세제 개편에 따라 2017년 7월부터는 자영업자, 직역연금 가입자(공무원, 군인, 교직원, 별정우체국 직원) 등으로 가입 대상이 확대되었다.

IRP 납입 형태는 두 가지다. 퇴직 시에 퇴직금을 수령하는 IRP와 가입자가 노후 대비 및 세액공제를 위해 별도로 IRP에 가입하는 경우다.
첫 번째로 퇴직금을 수령하기 위해 가입하는 경우다.
퇴직금을 일시로 수령하게 되면 퇴직소득세가 부과되지만, 연금으로 수령할 경우 퇴직소득세가 30%~40% 감면돼 퇴직금을 연금으로 수령하는 것이 유리하다. 두 번째로 노후 대비와 세액공제를 받기 위한 IRP 가입이다. 연금저축과 합산하여 최대 900만 원까지 세액공제를 받을 수 있다. 연금저축에 600만 원을 불입하여 세액공제를 받고 있다면 IRP를 가입해 300만 원까지 추가 세액공제를 받을 수 있다. 연금저축에 가입하지 않을 경우 IRP만으로 900만 원까지 세액공제를 받을 수 있다. IRP 계좌는 은행, 증권사, 보험사 등에서 개설할 수 있다. 전 금융기관을 통틀어 1인 1개만 만들 수 있다. 가입 시 본인의 투자 성향과 금융기관의 상품, 수수료 등을 비교하여 선택하면 된다.

주의해야 할 점이 있다. 퇴직 시 퇴직급여를 IRP 계좌로 의무 이전하게 되어 있다. 기존에 세액공제를 위하여 IRP 계좌를 만들어 세액공제를 받고 있다가 퇴직금을 이 계좌에 입금하게 되면 퇴직금 인출을 위한 해지 시 전체를 해지해야 하므로 세액공제 받은 금액이 추징되는 경우가 발생할 수 있다. 따라서 IRP로 퇴직금을 받아서 연금으로 수령하지 않고 중도 인출을 해야 하는 경우는 기존에 세제 혜택 용도로 만든 IRP 계좌와 별도의 IRP 계좌를 만들어 수령하는 것이 바람직하다.

4. 자산배분에 부동산은 반드시 넣어라

부동산은 한국 가계의 자산 구성에서 가장 큰 비중을 차지하고 있다. 부동산은 투자 포트폴리오에 포함할 때 다양한 이점을 제공하고 있다.

부동산은 인플레이션에 중요한 방어 자산이 된다. 물가가 급격히 상승하는 극심한 인플레이션 상황에서는 주식보다도 실질 자산가치 보존에 더 효과적이다. 화폐 가치가 하락할 때 실물 자산인 부동산은 그 가치를 상대적으로 잘 유지하기 때문이다. 부동산 투자의 또 다른 장점은 높은 수익률이다. 장기적 관점에서 부동산은 주식에 버금가는 수익을 제공할 수 있다. 부동산 수익은 자산 가치 상승(자본 이득)과 임대 수입(경상 소득)의 두 가지 형태로 발생한다. 이러한 이중 수익 구조는 현금 흐름과 자산가치 증대를 동시에 추구하는 투자자들에게 매력적이다. 부동산은 주식과 상관관계가 높지 않다는 이점도 있다. 주식시장이 하락할 때도 부동산은 다른 움직임을 보일 수 있다는 의미다. 포트폴리오에 부동산을 포함시키면 전체 투자 위험을 분산시키는 효과가 있다.

부동산은 아파트, 오피스텔, 단독주택, 상가 등 다양한 형태로 존재한다. 한국에서는 전통적으로 아파트가 가장 높은 수익률을 보이면서도 시장 하락기에 가격이 크게 떨어지지 않는 '하방 경직성'을 갖고 있다. 부동산을 소유하면 단순한 투자 수익 외에도 추가적인 가치가 있다. 가장 직접적인 것은 거주 서비스다. 자가 소유 주택에 살면 월세를 절약할 수 있고, 임대료 인상이나 이사 요구 같은 불확실성으로부터 자유롭다. '내 집'을 소유한다는 심리적 안정감도 부동산 소유의 중요한 혜택이다.

직접 부동산을 구매해 투자하기 어려울 경우 리츠(REITs, 부동산투자신탁)를 통한 간접 투자가 좋은 대안이 될 수 있다. 리츠는 여러 투자자의 자금을 모아 부동산에 투자하고, 그 수익을 배당하는 금융상품이다. 전문 운영자가 관리하기 때문에 개인이 직접 부동산을 관리하는 수고를 덜 수 있다. 국내 리츠 시장은 2017년 34.2조 원에서 2023년 2월 87.4조 원으로 크게 성장했으며, 리츠 수도 193개에서 351개로 증가했다.[1] 그만큼 간접 부동산 투자에 대한 관심이 높아지고 있음을 알 수 있다.

그러나 개별 리츠를 선택하는 것은 쉽지 않을 수 있다. 각 리츠마다 투자하는 부동산 유형, 지역, 운영 방식이 다르기 때문에 심층적인 분석이 필요하다. 특히 특정 부동산이나 지역에 집중된 리츠는 분산 효과가 작고 위험이 클 수 있다. 이러한 어려움을 해결하기 위한 방법으로, 다양한 유형과 지역의 부동산에 분산 투자하는 부동산 ETF(상장지수펀드)를 고려할 수 있다. 부동산 ETF는 여러 리츠나 부동산 관련 기업에 투자함으로써 추가적인 분산 효과를 제공한다.

자산 배분 전략을 세울 때 부동산을 포함하는 것은 단순히 수익만을 위한 것이 아니다. 부동산은 인플레이션 방어, 분산 효과, 안정적 현금 흐름, 그리고 실질적인 사용 가치까지 제공하는 자산군이다. 개인의 재정 상황, 투자 목표, 위험 감수 성향에 따라 직접 부동산 구매, 리츠 투자 또는 부동산 ETF 등 다양한 방식을 통해 부동산을 투자할 수 있다.

5. 가치주를 중심으로 보유하라

가치주는 펀더멘털(이익, 배당, 순자산가치, 현금 흐름 등)과 비교해서 주가가 낮은 종목을 말한다. 반면 주가가 펀더멘털보다 높은 종목을 성장주라 부른다. 성장주와 가치주를 구분하는 기준은 회사의 제품이나 업종이 아니라, 이익이나 배당 같은 '기본 가치 대비 시장가격'이다.[2] 성장 잠재력이 낮아도 투자자들에게 인기를 끌어 주가가 기본 가치보다 높다면 성장주로 분류되고, 성장 잠재력이 높더라도 투자자들에게 소외당하여 주가가 기본 가치보다 낮게 형성되면 가치주라 할 수 있다.

가치주를 성장주와 비교할 때 가장 중요한 지표 중 하나가 PER다. 가치 투자의 원조라 할 수 있는 벤저민 그레이엄도 고전 《증권분석》에서 평균 이익의 16배가 넘는 고PER주는 장기적으로 상당한 손실을 보기 쉽다고 추론하고 있다. 1970년대 말 산조이 바수는 저PER의 수익률이 고PER주보다 훨씬 높다는 사실을 발견했다.

제러미 시겔 교수는 S&P500 종목을 연말 PER를 기준으로 5개 그룹으로 분류한 다음, 이듬해 12개월 수익률을 분석하였다.[3] 그 결과 고PER주가 전반적으로 수익률이 낮았다. 저PER주가 수익률이 더 높고 베타 위험지수도 낮게 나타났다. CAPM 대비 초과 수익률도 높았다. 최저PER주의 수익률은 CAPM 추정수익률보다 연 6.01%포인트 높았다.

표 9-2 PER 순위별 S&P500 종목군의 수익률(1957~2012년)

PER	기하평균 수익률	산술평균 수익률	표준편차	베타	CAPM 대비 초과수익률
최저	12.92%	14.20%	16.59%	0.71	6.01%
저	12.34%	13.54%	16.23%	0.65	6.05%
중	10.28%	11.45%	15.67%	0.69	3.46%
고	9.17%	10.30%	15.49%	0.73	1.85%
최고	7.86%	9.86%	19.84%	0.92	−0.78%
S&P500	10.13%	11.55%	17.15%	1.00	0.00%

자료: 제러미 시겔, 주식에 장기투자하라, P.236

표 9-3 배당수익률별 S&P500 종목군의 수익률(1957~2012년)

배당 수익률	기하평균 수익률	산술평균 수익률	표준편차	베타	CAPM 대비 초과수익률
최고	12.58%	14.25%	19.34%	0.94	3.42%
고	12.25%	13.42%	16.26%	0.82	3.91%
중	9.46%	10.77%	16.64%	0.92	0.18%
저	8.79%	10.64%	19.29%	1.07	−1.75%
최저	8.90%	11.62%	23.92%	1.23	−2.58%
S&P500	10.13%	11.55%	17.15%	1.00	0.00%

자료: 제러미 시겔, 주식에 장기투자하라, P.232

가치주의 또 다른 중요한 기준이 되는 배당을 살펴보기로 한다.[4] 표에서 알 수 있듯이 배당수익률이 높은 그룹에서 총수익률이 높았고, 베타도 1 미만이어서 안정성도 시장보다 높았다. 반면에 배당수익률이 낮은 그룹은 수익률이 가장 낮았을 뿐만 아니라 베타까지 높았다. 배당 수익률을 CAPM 대비 초과수익률과 비교하면 최고 그룹에서는 3.42%로 높았고, 최저 그룹에는 2.58% 낮게 나타났다.

기업의 본질적 가치인 이익과 배당수익률이 높은 가치주가 장기적으로 보면 성장주에 비해 위험을 낮추면서도 더 높은 수익률을 안겨다 주었다. 그 외에도 PBR 역시 가치주의 중요한 평가 척도가 된다. 1980년 데니스 스탯먼의 연구와 1992년 파마와 프렌치 연구에서는 PBR이 PER나 배당수익률보다 더 중요하다는 견해를 제시한 바도 있다.(5) 저PER, 고배당, 저PBR과 같은 가치주가 변동성이 낮으면서도 긴 호흡으로 보면 성장주보다 대체적으로 수익률이 높았다.

그럼에도 많은 투자자들은 수익률을 높이기 위해서 늘 성장주에 눈을 돌린다. 성장주가 변동성이 크고 위험한 게 사실이지만, 잘만 고르면 큰 폭의 수익을 보장받을 수 있다. 그래서 과거 재무제표 외에도 미래 발전 가능성 있는 기업을 주목해 왔다. 성장주는 무형 자산이 많은 주식이다. 무형 자산은 평가가 어렵고 거래하기가 쉽지 않지만, 기업 자산가치는 크다. 아마존, 구글, 메타(구 페이스북)는 성장주다. 아마존과 구글은 평판과 브랜드 가치가 높고 규모의 경제가 뛰어나다. 메타는 네트워크 효과가 탁월하다.

2015년 초에 출범한 글로벌 자산관리 회사인 컬럼비아 스레드니들 인베스트먼트(Columbia Threadneedle Investments)가 2019년 말, 전 세계 170개 기관 투자자를 대상으로 한 설문조사에서 "회사의 무형 자산이 앞으로 비즈니스 모델의 성공 가능성을 높이고 있다고 생각하는가? 라는 질문에 '그렇지 않다'라고 대답한 비율은 5%에 불과하고, '그렇다' 73%, '매우 그렇다'가 22%로 나타났다.[6] 컬럼비아 스레드니들은 "무형 자산으로부터 초과 수익이 나온다는 것을 이해하는 능력이 액티브 매니저의 경쟁력이 될 것이다"라고 했다. 현대 투자 환경에서는 무형 자산의 가치는 시간이 지날수록 더 커질 수 있다.

주가 밸류에이션이 높은 편에 속하는 애플과 팔란티어를 살펴보자. 세계적인 기업, 애플의 2023년 기준 PER는 33.47배이고, PBR는 8.07배로 시장에서 높은 평가를 받고 있다(Investing.com). 2003년에 설립된 팔란티어(Palantir)는 미국 정부 기관들을 주요 고객 대상으로 빅데이터를 분석하는 사업 모델로 급속히 성장하고 있는 기업이다. 팔란티어의 2024년 PER는 163.93이고, PBR가 42.5로 매우 높다. 이 수치들은 매우 높은 밸류에이션을 보여주고 있다. 전통적인 주가 가치 측정 방법으로는 도저히 설명할 수 없는 고평가 주가임이 틀림없지만, 향후 주가 상승이 기대되는 성장주이다.

우리는 여기서 어느 쪽에 더 무게 중심을 두어야 할까? 주가는 본질적인 내재 가치에다가 주식 참여자의 수급과 심리가 종합적으로 반영된다. 본인의 투자 자금 규모와 성향, 위험을 감내할 수 있는 정도에 따라 주식 포트폴리오가 달라진다. 은퇴 후에 더욱 안정적인 자산관리를 위해서는 성장주보나 가치주 비중을 높이는 게 바람직하다. 일반적으로 저PER인 가치주가 고PER인 성장주보다 변동성이 낮다. 이익에 비해 주가가 낮은 저PER 주식이 좋은 수익률을 거둔 연구는 수없이 많다. 1957년부터 최근까지 다양한 연구에서 저PER가 고PER보다 수익률이 높은 것은 어떤 산업에서든, 어떤 나라에서든 증명되었다.[7] 장기적으로 보면 저PER 가치주의 평균 수익률이 높았다.

은퇴 후에는 자산관리와 투자 전략을 신중히 계획해야 한다. 위험도가 높은 성장주 비중을 높여 투자하다가 실패하면 자산이 고갈돼 노후 준비에 차질이 불가피하다. 단기적으로 성장주는 높은 수익을 안겨줄 수 있어 매력적이지만, 은퇴자에게는 자산 보존이 최우선 과제이다. 장기적으로 가치주는 낮은 변동성과 높은 수익률을 동시에 추구할 수 있는 전략적 자산이다. 역사적 데이터와 실증 연구를 근거로 노후에는 저PER·고배당 가치주에 투자함으로써 안정적인 노후를 설계해야 한다.

은퇴 후
노후 생활

10장

은퇴 후 자산관리

1. 생애자산관리의 개념과 구조

인간은 여러 단계를 거치면서 살아간다. 일반적으로 청소년기에는 부모에게 재정적으로 의존하면서 학업에 집중하는 시기다. 다음에는 학업을 마치고 사회생활을 하면서 경제적 활동을 시작하는 청년기가 있다. 중년기는 결혼과 출산을 통해 가족을 부양하고 자산을 축적한다. 마지막으로 은퇴 후 축적된 자산을 소비하며 노후 생활을 시작하는 노년기와 같은 단계를 거치게 된다.

생애자산관리는 개인이 생애 주기 동안 재정적 목표를 달성하기 위해 자산을 효과적으로 관리하는 과정이다. 개인의 출생부터 사망까지 일련의 경제적 변화를 고려하여 재정 계획을 수립한다. 소득과 지출, 저축과 투자 등을 체계적으로 관리하여 재정적 안정성을 유지하고 미래에 대비하며 살아간다. 생애자산관리는 소득과 지출의 불일치를 해소하여 생애 지출을 최적화하는 것이 목표이다. 무엇보다 자산의 축적과 인출이라는 두 과정이 효율적으로 잘 이루어져야 한다.

사회에 첫발을 내디디면서 경제적 활동을 시작하는 순간부터가 축적의 과정이다. 축적은 근로소득이나 사업소득을 수단으로 하여 자산 증식을 목표로 한다. 이 기간은 저축을 통해 목돈을 마련하고, 모인 돈으로 자산을 잘 운용해 나가야 한다. 자산 축적 과정에서는 시간이 길어질수록 복리 효과가 나타나 자산이 더 빠른 속도로 증가한다. 자산 축적의 모양은 비선형적이며 지수적(exponential)이다. 반면 인출 과정은 초기에는 자산이 서서히 감소하다가 인출 중반기를 넘어가면 자산이 급격하게 줄어드는 양상을 띤다. 인출 초기에는 아직 자산이 많을 때여서 생활비를 인출하더라도 남아 있는 자산이 있지만, 시간이 지남에 따라 생활비를 충당하다 보면 자산이 빠른 속도로 줄어들게 된다. 축적기에는 소득이 수단이고 자산 증식이 목적이라면, 인출기에는 축적된 자산이 수단이고 은퇴 소득 창출이 목적이 된다.

생애자산관리는 축적보다 인출이 더 까다롭다. 축적 과정은 저축하고 자산을 증대시켜 나가기 위해 어디에 투자할 것인가에 대해서만 고민하면 되지만, 인출 과정은 매우 복잡하다. 인출은 축적된 자산에서 돈을 꺼내어 생활비로 소진해야 하고, 남은 자산으로 재투자해야 한다. 급락한 수익률은 자산을 빠른 속도로 줄어들게 한다. 그 외에도 인플레이션으로 인한 화폐 가치 하락, 기대 수명 연장, 변동성 있는 수익률 등 여러 변수가 복합적으로 작용한다. 축적은 수익률 위험을 관리하면서 자산 축적을 위해 노력하고, 인출은 기대 수명을 감안하여 수명과 자산 수명을 일치시켜 나가야 한다.

젊을 때는 인적자본이 풍부하고 투자 기간이 많이 남아 있으므로 장기적으로 투자함으로써 변동성을 줄이면서도 주식수익률을 높일 수 있다. 이런 축적 과정에서 주식 비중을 낮추고 안전한 자산의 비중을 높이는 비합리적인 행태, 소위 주식시장참여퍼즐 현상이 나타나기도 한다. 젊을 때의 축적 과정에서는 주식 비중을 높일 필요가 있고, 주식을 중심으로 한 자산 배분이 필요해 보인다. 반면 노후에는 인출할 때

연금으로 전환하면 세금우대, 분리과세 등 여러 가지로 유리할 뿐만 아니라 연금화를 통해 노후의 안정적인 소득을 확보할 수 있는 이점이 많다. 그럼에도 IRP 연금화 현황을 보면 계좌 수 기준으로 7.1%만이 연금화를 하고, 92.9%가 일시금으로 인출되는 등 연금화 비율이 현저히 낮아 연금퍼즐 현상을 보인다.[1]

축적 과정에서는 주식 비중을 더 높여야 하고, 인출 과정에서는 연금의 비중이 더 높아져야 한다. 우리나라는 젊을 때 주식 시장 과소 참여와 은퇴 후 낮은 연금화 전환비율의 문제에 직면해 있다. 생애자산 관리에서 꼭 해결해야 할 과제이다. 주식시장참여퍼즐과 연금퍼즐은 일찍이 서구 사회에서 제기되었다. 미국이나 호주는 축적기에 연금 계좌의 주식 비중을 높이도록 설계돼 있다. 네덜란드는 인출 때 종신연금에 가입토록 강제화하고 있다. 이 과제를 개인에게 맡기지 말고, 국가가 나서서 제도적 장치를 마련해야 한다.

2. 50대부터 은퇴 준비 모드로

중년기에는 자녀 교육비, 내 집 마련 준비로 비교적 지출이 많아 자산을 모으기 쉽지 않다. 50대 중반부터 60세 은퇴 전에는 어느 정도 집이 마련되고, 자녀 양육으로부터 자유로울 수 있다. 게다가 소득이 급격하게 높아져 자산이 상승하는 경향을 보인다. 하지만, 소득을 지속할 수 있는 시기는 얼마 남지 않게 된다. 그러므로 50대부터 자산관리가 더욱 중요한 시기라 할 수 있다. 노후 대비를 빨리 완성하고자 과도한 대출이나 무리한 투자를 하는 경우가 있다. 만약 실패했을 때는 오히려 낭패를 당하거나 노후 준비를 늦추는 결과가 발생할 수 있으니 특히 주의를 해야 한다. 은퇴를 앞두거나 은퇴한 후 자산이 적다고 실망할 필요는 없다. 워런 버핏은 현재 자산의 95%가 60세 이후에 이루어졌다. 60세 이후 연평균 수익률 20%로 30년 동안 투자한 자산은 무려 237배가 되었다. 1930년생(2025년 현재 95세)인 고령임에도 아직 건강하게 투자 활동을 왕성하게 하는 것을 보면 정말 대단하다.

은퇴를 앞두거나 은퇴 후 자산 관리는 신중하게 이루어져야 한다. 기대 수명이 높아져 살아가야 할 기간이 많이 남아 있다. 은퇴 후에도 투자 수익이 지속적으로 뒤따라야 노후 자금이 오래 지속된다. 투자 자산은 안정성, 환금성, 수익성을 고려해야 한다. 예금과 채권은 환금성과 안정성은 좋지만, 수익성이 떨어진다. 반면 주식은 변동성이 있어 안정성은 떨어지지만, 고수익을 안겨줄 수 있다. 자신의 자산 및 생활 지출비 규모에 따라 여러 자산군을 잘 안배하여 관리해야 한다. 자산 축적을 극대화하면서도 동시에 리스크 관리를 잘 해야 할 필요가 있다.

은퇴 후는 주로 연금에 의존하여 생활비를 충당한다. 연금은 일반적으로 국민연금, 퇴직연금, 개인연금의 3층 구조로 돼 있다. 국민연금과 퇴직연금은 강제적으로 소득에서 일정 부분 축적이 된다. 이 두 가지만으로 노후 준비는 어렵다. 개인이 자유롭게 선택, 가입해 노후를 준비하도록 국가가 세제 혜택을 부여하고 있는 개인연금(IRP) 가입을 권장한다. 연금은 세액공제, 저율과세, 분리과세 등 각종 세제 혜택이 주어진다. 3층 연금을 잘 활용해야 한다. 여기 연금 안에 우량한 자산을 편입시켜 장기적으로 투자하면 자산 증식에 도움이 된다.

주식, 채권, 예금 비중을 잘 조절해야 한다. 노후에 안정적인 자금 관리를 위해 예금에 치중하는 것은 장기적으로 보면 물가 상승에 따른 구매력 감소로 오히려 위험하다. 그렇다고 주식에 너무 큰 비중을 두고 있으면 주가가 급락할 경우 큰 손실이 불가피하다. 나이가 들수록 다소 안정적인 채권 비중을 높여야 한다. 투자 전문가들은 50대 이후에는 최소 50% 이상의 채권 비중을 권하고 있다. 변동성 높은 개별 주식보다는 여러 개의 주식 종목을 분산 투자해 변동성을 낮춰야 한다. 변동성 예측과 주식 선정은 전문가 전망도 쉽게 빗나간다. 2000년 초 노키아는 고점 대비 90% 이상 하락했다. 2024년부터 상승을 분출했던 테슬라, 엔비디아도 2025년 1분기 무렵 단기간에 주가가 30~40% 하락했다. 은퇴 자금이 이런 개별 주식에 치중해 있으면 자산이 급속히 하락하는 위험에 처하게 된다. 차라리 시장 지수와 연동된 인덱스

펀드나 ETF 상품에 투자하거나 전문가가 나이에 따라 자동 리밸런싱해 주는 TDF 상품이 무난하다. 시장 상황과 관계없이 평생 정액의 연금을 받을 수 있는 종신보험도 고려해 볼 수 있다. 은퇴 후에는 배당주나 채권 이자, 리츠 배당 등 인컴 자산군에 비중을 높여 현금흐름을 창출하는 게 좋다.

은퇴 후에는 고수익에 항상 위험이 있음을 알고 특히 주의해야 한다. 중위험 중수익이라고 알고 있는 ELS는 사실 고위험 중수익 상품이다. 일정한 범위 안에서는 시장 이자율보다 더 높은 수익을 주지만, 일정 부분 하락 시는 큰 폭의 손실을 보는 상품이다. 독일의 DLS(파생결합증권) 상품도 마찬가지다. 독일 국채 금리가 특정 조건을 충족하면 약정된 수익률을 지급하고, 조건을 벗어나면 손실이 발생하는 구조다. 금리가 -0.2% 이상이면 연 4.2%의 수익이 보장되고, 금리가 -0.7% 이하로 떨어지면 원금 전액이 손실을 보게 된다. 당시 독일은 저금리 상태였으나 설마 -0.7% 이하로 떨어지겠느냐는 안일한 마음에 시장 금리를 상회하는 금리 유혹에 넘어간 경우다. 구조화된 상품의 특성을 알고 최악의 손실을 잘 살펴봐야 한다. 투자시장에 공짜는 없다. 국채나 정기예금 이상의 수익을 보장하는 금융상품은 항상 위험에 노출돼 있음을 알아야 한다. 노후에 고수익을 좇다가 큰 폭의 손실을 보게 되면 회복 속도가 느리고 경우에 따라서는 노후 자산이 고갈되는 낭패를 당하게 될 수도 있다.

3. 인생 후반 리스크

인생에 피해야 할 것이 많다. 특히 인생 후반에 숨어있는 리스크가 있다. 운전사고는 핸들을 놓기 전 마지막 10분에 많이 일어난다. 운전 중 긴장을 하다가도 도착지에 가까워지면서 긴장이 풀린 탓이다. 축구도 후반전에 체력이 떨어지고 경기 집중력이 약해지는 마지막 15분에 골이 많이 터진다. 인생 후반에 조심해야 할 것들이 5가지 있는데 성인 자녀, 금융사기, 은퇴 창업, 중대 질병, 황혼이혼이다.[2]

첫째, 성인 자녀다. 다 자란 자녀가 독립하지 않고 부모 밑에서 살아가면서 부모의 생활비를 축내거나 과도한 결혼 비용 지출로 노후 자금에 큰 손실을 주는 경우다. 성인 자녀를 일본에서는 패러사이트 싱글, 영국에선 KIPPERS, 호주는 캥거루족, 독일은 네스트호커라고 한다.[3] 요즘은 결혼 연령이 늦어짐에 따라 60대 절반이 자녀와 동거하고 있다. 동거 자녀 중 63%가 본인 생활비를 내지 않는 것으로 나타났고, 13%는 생활비도 안 내면서 용돈까지 받아 갔다. 노후 자금 지출을 덜기 위해서는 부모가 자녀를 하루빨리 독립시켜야 하고, 자녀도 부모에게서 독립하는 것이 효도하는 것이다.

둘째, 금융사기다. 나이를 먹으면 항상 금융사기를 조심해야 한다. 고수익에는 늘 위험이 도사리고 있다. 금융사고는 경제적 손실만 아니라 자괴감에 빠져 깊은 정신적 충격으로 내몰릴 수 있다. 피싱, 스매싱 등 인터넷 신종 사기를 당하는 일도 있다. 2024년 어느 유튜브에서 금

투자로 매일 일정한 수익을 내 3개월에 100퍼센트 수익을 안길 수 있다는 그럴듯한 속임수로 고객 돈을 유인한 후 나중에 원금과 수익금을 돌려주지 않은 금융사기가 있었다. 제도권 내에서도 중위험 중수익을 표방하는 ELS도 사실 내부를 들여다보면 매우 위험한 상품이다. 평소 주가가 오르면 안정적인 수익을 주다가 주가가 급락하면 큰 폭의 손실을 보는 구조로 짜여 있다. 중위험 중수익이 아니라 고위험 중수익인 것이다. 금융 지식이 부족한 노령층에서 피해를 많이 입었다. 조심해도 지나치지 않다.

셋째, 은퇴 창업이다.

은퇴 후 취업이 잘 안 돼 다급한 마음에 퇴직금을 가지고 창업을 하게 된다. 창업에 성공할 확률은 매우 낮다. 그럼에도 본인은 과신에 빠져 낙관적으로 생각하고 창업을 하게 되지만 성공하기가 쉽지 않다. 은퇴 후엔 자기 일을 하고 싶은 욕구가 있고, 실지로 26%가 창업을 하고 있다. 중소기업이 5년 동안 생존할 확률은 35%에 불과하고, 식당 10곳 중의 6곳이 3년 내 문을 닫는다는 통계도 있다. 창업을 하더라도 자본을 투입하지 않고, 본인이 가진 기술이나 달란트를 이용해 일을 했으면 한다. 과도한 투자금을 들인 창업 실패는 노후의 삶을 반납하고 극빈층으로 전락하게 만든다.

넷째, 중대 질병이다.

우리나라는 건강보험제도가 잘 발달해 있다. 그럼에도 중대 질병에 걸리면 비급여 항목이 있어 진료비가 많이 든다. 노후 재정에 치명적이다. 나이가 들어도 건강에 늘 신경 써야 한다. 건강이 최고의 재테크이다. 건강 관리에 돈과 시간을 할애해야 한다. 균형된 식사, 규칙적인 운동, 적당한 휴식, 마인드 컨트롤 등으로 건강 관리를 잘해야 한다. 충분한 양질의 수면은 면역력을 높여 중대 질병을 예방하는 데 탁월한 효과를 보인다는 연구 결과도 있다. 100세 시대를 준비하면서 노후 질병에 대비한 보험도 적극 고려해 볼만하다.

다섯째, 황혼이혼이다.

나이가 들어 이혼하면 재산이 반토막이 난다. 황혼이혼은 중산층에서 빈곤층으로 전락하게 한다. 재산상 손실뿐만 아니라 자존감 상실로 이어져 건강까지 해칠 수 있다. 부부는 영원한 동반자다. 새로운 사랑에 대한 동경은 일시적이고, 위험하다. 미국의 어느 커뮤니케이션 학자가 이혼한 사람을 대상으로 전 배우자와의 만족도를 조사했는데 현 배우자보다 전 배우자에게 만족도가 높게 나왔다고 한다. 부부간에 적당한 심리적 거리를 유지하면서 공감하고 소통하며 잘 지내야 한다. 가까운 사이일수록 예의, 존중, 배려가 필요하다.

4. 은퇴 후 인출 전략

은퇴 승수 300

　나의 은퇴 자금이 얼마나 필요할지를 현재 시점에서 가늠하는 데 유용한 지수로 은퇴 승수 300지수가 있다.[4] 노후에 필요한 월 생활비에 은퇴 승수 300을 곱해 나온 금액이 노후에 필요한 자금이다. 평균적으로 60세 정도에 은퇴한다고 하더라도 최소 30년을 살아야 한다. 평균 수명이 늘어나고 있는 점을 고려해 100세 시대를 준비해야 한다.

　그럼, 노후에 얼마의 자산이 필요할까? 먼저, 본인의 월 생활비가 얼마나 필요한지 가늠해 보자. 노후 생활비로 충당하는 자산은 주로 국민연금이 기본이 된다. 자신이 국민연금 수령액을 제외한 나머지를 준비해야 한다.

　직장 생활 20년 기준, 국민연금 수령액은 약 100만 원 정도이다. 가령, 노후 적정 생활비가 320만 원이라고 가정하면 여기서 국민연금 100만 원을 제외하면 월 220만 원이 필요하다. 생활비 월 220만 원으로 90살까지 30년을 더 산다고 가정할 경우, 은퇴 승수 300을 곱하면 6억 6천이 필요하다. 더욱 더 넉넉한 생활을 가정하면 400을 곱한 8억 8천이 필요하다. 최소 6억 6천 ~ 8억 8천을 확보해야 한다. 위 예시에서는 은퇴 승수를 300으로 했지만, 노후 기간(기대여명), 물가상승률, 보유 자금 운용수익률에 따라 은퇴 승수는 달라진다. 보다 엄격하고 보수적으로 적용한다면, 물가상승률을 높게 잡고 운용수익률을

낮게 책정하면 된다. 은퇴 승수는 필요 은퇴자산과 실질 소득을 계산하는 데 유용하다.[5]

표 10-1 기대여명, 물가상승률, 운용수익률에 따른 은퇴자금 승수

노후 기간	물가상승률	보유자금 운용수익률		
		2%	5%	8%
25년	1%	270	240	220
	2%	300	260	240
	3%	340	300	270
30년	1%	310	260	230
	2%	360	300	270
	3%	420	350	300
35년	1%	350	290	250
	2%	420	340	290
	3%	500	400	330

*5,000회의 몬테카를로 시뮬레이션 결과로 파산 확률은 10%임
자료: 미래에셋은퇴연구소(2017.1.16)
재인용: 김경록, 60년대생이 온다, p.152

주택이 있어 주택연금을 이용한다면 이를 반영, 산출하면 된다. 60세부터 5억 원 주택을 담보로 주택연금을 이용할 경우 월 연금 수령액은 약 100만 원이다. 적정 생활비 320만 원에서 국민연금 100만 원을 제외한 220만 원에서 다시 주택연금 100만 원을 뺀 나머지 120만 원이 나온다. 이 120만 원을 은퇴 승수 300으로 곱하면 향후 30년 동안

은퇴 후 자산관리   201

필요한 3억 6천만 원의 노후 자금이 산출된다. 국민연금 수급액과 주택연금 가입 여부를 고려, 현재 자산을 생각하면 스스로 노후 준비 상태를 점검할 수 있다.

3층 연금을 기본 축으로

연금이 노후 자금의 기본이 된다. 연금에는 국가가 보장하는 기초연금, 국민연금, 직역연금(공무원, 사학, 군인)이 있고, 기업이 보장하는 퇴직연금(DB형, DC형)과 개인이 준비하는 개인연금(IRP), 주택연금이 있다. 이 중에서 국민연금, 퇴직연금, 개인연금이 3층 연금으로 기본 축을 이루고 있다.

표 10-2 2023년 기준으로 대한민국 3대 연금 가입 비율과 1인 평균 수급액

구분	가입 비율(인구)	평균 수급액	비고
국민연금	65.6%	약 66만 9천 원	18세~59세
퇴직연금	약 714만 4천 명	약 59만 5천 원	
개인연금(IRP)	약 321만 5천 명	약 30만 원	

국민연금은 1988년에 국가가 개인의 노후를 위해 근로자가 가입하도록 하고, 사용자도 반을 부담하도록 강제하고 있다. 2026년부터 적용될 국민연금법이 2025년 3월에 개정되었다. 기존 소득대체율은 40%에서 43%로 상향 조정되었고, 보험료율도 현행 9%에서 13%로 단계적으로 인상된다. 소득대체율은 은퇴 전 평균 소득 대비 연금 수령액의 비율을 의미한다. 연금 수지가 적자로 돌아서는 시점

은 기존 2041년에서 2048년으로 7년가량 늦춰진다. 기금이 소진되는 시점은 기존 2056년에서 8년 늦춰져 2064년이 되게 된다(매일경제, 2025.3.21.자). 2024년 6월 기준, 18세에서 59세 사이의 국민연금 가입 대상 인구 중 65.6%가 국민연금에 가입하고 있다. 전체 대상 인구 3,010만 명 중 1,976만 명이 가입한 것으로 추정된다(한겨레, 2025.2.12.자). 개인의 가입 기간과 납입금액에 따라 달라질 수 있다. 2024년 국민연금 평균 수급액은 약 65만 6천 원 정도이다. 국민연금 평균 가입 기간은 2025년 기준 우리나라가 22년인 데 반해 EU 27개국은 35년으로 가입 기간이 짧은 편이다(경향신문, 2025.3.24.자) 급여 생활자는 급여에서 국민연금 보험료를 강제적으로 미리 공제한 후 월 급여를 받기 때문에 그런가 보다 하지만, 자영업자나 기타 소득자는 미래 국민연금 기금의 고갈에 대한 불신으로 가입을 피하는 경향이 있다. 현 상태로 가면 국민연금 재원이 점차 부족하기에 정부 당국자들은 공적연금 재편을 이어갈 수 밖에 없다. 현재보다 보험료를 많이 내고, 늦게 받을 리스크는 있지만, 국가가 지급을 약속한 공적연금이 지급되지 않는 사태는 현실적으로 불가능하다고 봐야 한다.

퇴직연금은 2005년에 제도화되었다. 매월 급여액의 1/12(8.3%)이 퇴직금으로 모인다. 2023년 기준 대한민국 퇴직연금 가입 근로자는 약 714만 4천 명이다. 평균 월 59만 5천 원 정도이다. 노후 자금은 국민연금 다음으로 퇴직금에 의존하게 된다. 직장에서 은퇴하면 퇴직금을 받게 된다. 퇴직금을 받으려면 먼저 은행이나 증권사에서 개인형 퇴직연금(IRP) 계좌를 개설해야 한다. 모바일 앱을 통해서도 가능하다. 퇴직금은 일시불로 퇴직소득세를 내고 수령하는 방법이 있고, 연금으로 전환해 매년 일정 금액을 연금으로 수령하는 방법도 있다.

일시불로 퇴직금을 수령하는 것보다 연금으로 지급받는 게 더 유리하다. 퇴직소득세가 30~40% 절감된다(퇴직소득세는 10년 이내 70%, 10년 이상 60%다). 연금소득도 3.3~5.5%로 낮은 세율로 과세된다. 여기에다 분리과세 혜택도 있다. 퇴직소득은 많아도 분리과세를 해주어 누진되지 않는다. 연금소득이 1,500만 원을 초과하면 종합소득으로 합산해 과세하든지, 아니면 16.5% 세금만 내고 분리과세를 선택하면 된다.

3층 연금 안에 또 다른 한 축이 개인연금이다. 개인연금은 1994년 처음 도입되어, 국가가 노년층의 안정적인 삶을 지원하고자 세액공제 혜택을 통해 가입을 장려하고 있다. 2023년 기준 개인형 퇴직연금(IRP) 가입 인구는 약 321만 5천 명이다. 평균 수령 금액은 약 30만 원 정도이다. 개인연금은 은행에서 연금저축신탁이란 상품을 취급하였으나 현재 중지된 상태이다. 지금은 증권사에서 연금저축펀드, 보험사에서 연금저축보험이 있다. 연금저축펀드는 가입한 지 5년 이상으로 55세 이후 수령이 가능하고, 수령 시점부터 최대 20년간 나눠 받을 수 있다. 연금저축보험은 사망할 때까지 종신형으로 지급받을 수 있다.

100세 시대에 재취업은 필수다

최대한 일자리를 찾아 일을 해야 남아 있는 은퇴자산을 가급적 오래 유지할 수 있다. 일을 하지 않으면 은퇴자산에서 인출해 생활비를 사용해야 한다. 이내 바닥날 뿐 아니라 금융위기 같은 외부 충격에 급속도로 자산 규모가 감소한다. 남은 노후에는 팍팍한 삶을 살 수밖에 없는 지경에 몰릴 수도 있다.

은퇴 후 재취업은 선택이 아닌 필수다. 우리나라는 법규상 60세가 정년이지만, 실지 퇴직 나이는 55세 정도에 불과하다. 선진국에는 정년이 길다. 독일은 67세, 일본은 70세이며 영국과 미국은 정년이 없다. 이들 국가의 공적연금 가입 기간은 대략 37년으로, 우리나라 평균 27년보다 길다. 우리나라 50대 고용률은 77%이고, 60세부터 64세까지 고용률은 64%이다. 노후 자산이 지속되기 위해서라도 계속 일해야 한다. 기본적으로 65세까지는 필수적으로, 70세까지는 선택적으로 일한다고 생각해야 한다. 퇴직 후 연금 수령 전까지 소득이 없어 힘든 시기를 보내는 소위 소득 크레바스에 처할 수 있다. 취업을 위해서는 눈높이를 낮춰 적당한 일자리를 찾아 나서야 한다.

은퇴 후 일자리 유무와 인출 크기에 따라 자산 규모와 수명이 달라진다. 예를 들어 갑, 을, 병 모두 60세에 5억 원의 금융자산을 가지고 있고, 매년 생활비 4,000만 원 지출을 가정했다. 갑은 연 수입 4,000만 원 일자리가 있어 생활비를 충당한다. 5억 원은 연 4% 수익률로 운영해 자금을 불려 간다. 을은 2,000만 원 일자리가 있어 금융자산에서 2,000만 원, 근로소득에서 2,000만 원으로 생활비를 마련한다. 병은 일자리가 없어 금융자산에서 매년 4,000만 원을 인출해 생활비로 사용한다.

이 경우 10년 후인 70세가 되었을 때 갑은 7억 4,000만 원, 을은 5억, 병은 2억 원이 남는다. 이들의 자산 소멸 시기도 달라진다. 갑은 101세, 을은 86세, 병은 76세에 자산이 소진된다. 갑과 병의 자산 소진 기간은 25년 차이가 난다. 갑은 일을 통한 근로소득을 생활비로 사용하면서 보유 자산은 계속 복리 효과를 극대화해 자산을 늘려 나갔다. 반면, 병은 60세까지 축적한 자산 규모는 갑과 같았지만, 일자리가 없어 보유 자산에서 생활비를 인출함으로써 자산 규모가 급속히 줄어든 것이다.[6]

그림 10-1 인출 크기에 따른 자산 규모 경로(단위: 억 원)

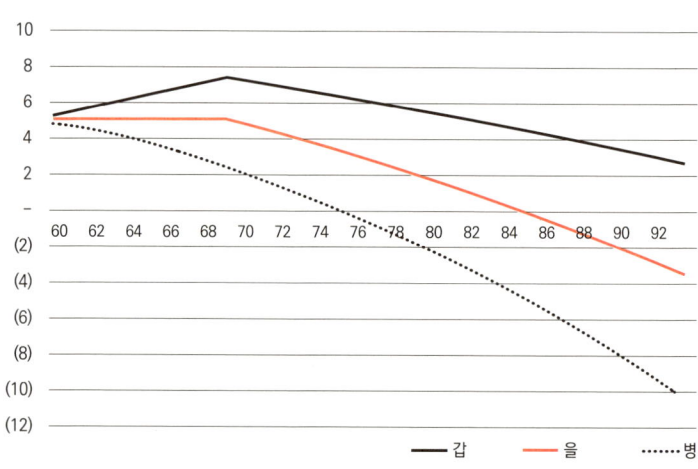

주: 5억 원의 금융자산, 매년 4,000만 원씩 인출 운용수익률 4%
운용(갑): 70세부터 인출
유지(을): 70세까지 금융수익만 인출
인출(병): 60세부터 인출

자료: 김경록, 60대생이 온다, p.145

선 금융계좌·후 연금

노후 재정 관리는 기본 생활비에다 의료비, 비상금 등 언제든지 필요할 때 중도에 인출할 수 있도록 유연성이 있어야 하고, 동시에 자산을 지속 유지하기 위한 수익성이 필요하다. 인생 후반에는 근로소득이 없으므로 금융소득이나 연금소득으로 살아간다. 금융소득은 배당, 이자, 임대 등 투자에 따른 소득으로 계좌를 통해 자금이 관리된다. 연금소득은 생명보험사 상품이나 공적연금 등과 같이 죽을 때까지 안정적으로 매월 수령하게 된다.

그림 10-2 호주의 포괄적인 인출 상품의 예(Cut)

자료: Australian Government(2016. 12. 15)
자료: 김경록, 60대생이 온다, p.157

금융계좌와 연금이 있으면 어디를 먼저 인출하느냐가 문제로 등장

한다. 중요한 대원칙은 금융계좌를 먼저 사용하고, 나중에 연금을 사용하는 것이다. 호주 정부는 머레이(금융시스템조사보고서)의 권고안을 받아들여 'Cut'이란 포트폴리오를 추천하고 있다. Cut은 계좌인출연금과 장수연금이 결합한 형태로, 장수연금이 15~20%를 차지하고 나머지를 계좌인출연금이 차지한다. 85세 이전에는 계좌인출연금에서 인출하고, 85세 이후에는 장수연금에서 인출하도록 권고하고 있다.[7]

연령이 들수록 지적 능력, 판단력, 활동성이 떨어지므로 투자 관리가 필요 없이 안정적으로 보장받는 연금을 가능하면 늦게 인출하는 게 바람직하다. 국민연금 수령을 연기하거나 주택연금 가입을 늦추면 더 많은 연금액을 받을 수 있다.

주택연금으로 현금흐름을 창출하라

우리나라는 그동안 집에 대한 소유 애착이 강하고, 집을 통해 부를 증식해 왔다. 노후에는 주택에 대한 개념을 '소유'보다는 '거주'로 설정하고, 주택을 통해 현금 흐름을 창출해 내야 한다. 그 방법의 하나가 주택연금이다.

주택연금은 일종의 역모기지 상품이다. 모기지는 주택을 매입할 때 주택을 담보로 차입하고 원금과 이자를 분할 상환하는 주택담보대출을 말한다. 주택연금은 반대로 주택을 담보로 대출을 받고 사망하면 주택을 처분해 한꺼번에 정산하게 된다. 주택연금은 국가가 주택금융공사를 통해 취급하고 있다. 주택연금에 가입할 수 있는 공시가격은

12억 원 미만이다. 2025년 기준 주택연금 가입 가구는 10만 가구이고, 해가 갈수록 늘어나는 추세다. 주택연금 월 수령액은 주택의 시세와 가입자의 연령에 따라 다르다. 예를 들어, 2025년 3월 기준 시세 6억 주택을 담보로 할 경우 60세 가입자는 월 수령액이 약 120만 원, 70세 가입자는 매월 178만 원 정도 사망할 때까지 받는다.

주택 가격이 하락해도 연금액은 변화 없이 고정된 현금 흐름이 창출된다. 주택을 채권으로 교환하는 효과가 있다. 현재 주택연금 가입률은 아직 매우 낮은 실정이다. 60세 이상 주택 소유 가구의 2.4% 정도만 가입하고 있다. 부모가 주택연금을 신청하게 되면 자식은 상속에 지장을 받게 된다. 지금까지는 상속 문제로 자녀의 눈치를 많이 보고 있어 가입률이 저조하나, 앞으로는 자녀의 부모 부양 의무나 부모의 자녀 상속에 대한 사회적 인식도 많이 변할 것으로 예상돼 향후 주택연금 이용자가 점차 늘어날 전망이다.

인출률 4퍼센트

은퇴 후에는 노후 자금에서 인출해 생활비를 사용해야 한다. 1994년 미국 재무 설계사 윌리엄 벤젠(William Bengen)은 은퇴 자금 인출 전략으로 4%룰을 제시했다. 벤젠은 30년 동안 자산이 소진되지 않고 유지되기 위해서는 매년 4% 인출이 최적의 비율임을 발견했다. 가령, 5억의 은퇴자산이 있다고 가정할 때 매년 2천만 원을 인출하면 자산이 소진되지 않고 생활이 가능하다고 보았다. 단 주식과 채권에 각 6 대 4 비율로 투자해 수익률 6%를 전제로 했다. 우리는 금융위기나 경기 침체 시에 급격한 자산 하락 위험에 노출될 수 있고, 높은 인플레이션에 늘 대비해야 한다. 이에 버턴 말킬은 '3.5퍼센트 지침'을 내놓았다.[8] 매년 노후 자금 총가치의 3.5%까지만 소비하라는 거다. 그는 주식과 채권으로 구성된 분산 포트폴리오는 향후 3.5% 이상의 수익률을 올릴 것으로 보았지만, 앞으로 있을지 모를 주식 약세장에 대비하고 높은 인플레이션을 고려해 3.5%를 제시했다.

5. 은퇴 후 자산관리를 어떻게 해야 하나

국민연금 수령액을 키워라

국민연금의 가장 큰 장점은 물가에 연동돼 사망할 때까지 지급된다는 것이다. 매년 증가하는 물가 상승을 반영하여 지급액이 증가하므로 매우 유리한 제도이다. 최대한 국민연금 수령액을 증대할 수 있는 여러 방법을 찾아 활용하면 좋다.

표 10-3 조기 수령 vs 연기 수령

구분	조기 수령		연기 수령	
	감액률	월 연금액	증액률	월 연금액
정상 개시	0%	100만 원	0%	100만 원
1년	6%	94만 원	7.2%	107.2만 원
2년	12%	88만 원	14.4%	114.4만 원
3년	18%	82만 원	21.6%	121.6만 원
4년	24%	76만 원	28.8%	128.8만 원
5년	30%	70만 원	36%	136만 원

국민연금 수령 시기를 최대한 늦추면 좋다. 연금을 1년 늦추면 7.2%가 인상된다. 최대한 5년을 연장할 수 있다. 5년이면 36%를 더 받을 수 있다. 반대로 연금 수령을 1년 앞당기면 6%가 감소하게 되고, 5년을 앞당긴다면 30%가 줄어든다. 만약, 100만 원 연금을 받기로 한 수급권자가 5년을 앞당긴다면 30% 줄어든 70만 원의 연금을 평생

받게 되지만, 5년을 늦춘다면 36% 늘어난 136만 원을 받게 된다(표 10-3). 여러 자산에 투자해 7.2% 수익을 내기가 쉽지 않다. 20년 동안 국민연금 연평균 수익률이 5%대임을 고려하면 연금을 늦춰 수령하는 것이 유리하다.

국민연금 임의가입, 임의계속가입, 추후납입 제도를 적극 활용하여 가입 기간을 늘리고 동시에 연금 수령액을 증대시키면 유리하다. 임의가입은 국민연금 의무 가입자가 아닌 배우자가 국민연금에 가입해 연금을 받을 수 있다. 임의계속가입은 60세 이후에도 최대 5년간 추가로 가입할 수 있다. 국민연금은 소득이 오를수록 연금 보험료가 높아져 가성비가 떨어진다. 많이 내는 거보다 오래 내는 것이 더 중요하다. 추후납입은 이직, 군입대 등 경력 단절 사유로 국민연금을 납입하지 못한 사람이 공백 기간만큼 보험료를 추가 납부하면 납입 기간을 연장할 수 있다. 납부 기간 증가로 연금액이 증가하고 세제 혜택도 제공받을 수 있다. 만약, 300만 원 급여를 받는 사람이 2년 공백 기간 동안 추납을 신청한다면 추납 보험료는 648만 원이다. 이 경우 65세부터 매달 받을 연금액은 월 28만 원에서 월 34만 원으로 늘어난다. 65세부터 80세까지 20년간 국민연금을 받는다고 가정하면 1,440만 원을 더 받게 되는 셈이다. 2년 기간 추납 보험료의 2.2배를 더 받게 된다. 또 국민연금은 10년 이상 가입자에게만 연금으로 지급한다. 10년 미만 가입자는 반환 일시금을 지급하고 종료하기 때문에 가입 기간을 최소한 10년은 채워야 한다.

개별 주식보다는 시장 지수와 연동된 상품에 투자하라

　노후에는 수익성, 환금성, 안정성 모두를 충족시키는 상품이 좋다. 시장 지수와 연동된 인덱스펀드나 ETF 상품을 위주로 자산을 배분하는 게 더 안정적이다. 개별 주식은 변동성이 크고 시장 상황에 따라 큰 폭의 손실을 볼 수 있다. 젊을 때와 같이 시간이 많으면 버틸 수 있다지만, 은퇴 후에는 노후 자금에서 인출해 생활비를 충당해야 하므로 투자금을 오랫동안 가져갈 수 없다. 단기 변동성으로 스트레스를 받아 건강에 해를 끼칠 수 있으니 차라리 S&P500, 나스닥100, 미국배당다우존스 같은 ETF 상품이 무난하다.

　워런 버핏은 비용이 저렴하고 세금 혜택도 있는 인덱스펀드를 선호했다. 2007년에 버핏은 전문 투자사에서 손수 고른 헤지펀드 포트폴리오의 수익률이 다음 10년 동안 S&P500 인덱스펀드의 수익률을 이길 수 없다고 주장했다. 그는 자신의 주장을 행동으로 보여주기로 했고, 100만 달러짜리 내기를 걸었다. 우승자가 원하는 자선단체에 돈을 기부하기로 했다. 내기의 결과는 버핏의 승리였다. S&P500 인덱스펀드의 수익률은 10년 동안 연평균 7.7퍼센트, 헤지펀드 매니저들이 고른 포트폴리오의 수익률은 2.2퍼센트였다.[9] 대체로 개별 종목보다 지수와 연동된 상품이 수익률이 높다는 것은 여러 통계 조사에서 쉽게 확인할 수 있다.

　시장 지수와 연동된 인덱스펀드나 ETF 상품의 연평균 수익률은 6% 내외이다. 개별 주식 종목으로 시장 평균 수익률을 이길 확률은

10%~15% 정도에 불과하다. 최신 동향에 맞는 특정 산업이나 테마를 중심으로 구성한 ETF도 눈여겨볼 만하지만, 이 경우 단기 변동성이 높음도 주의해야 한다. 늘 시장을 지켜보고 분석하는 전문가와 달리 금융 지식과 정보가 부족하고, 시간이 없는 일반인은 차라리 지수와 연동된 상품에 투자해 시장에 묻어 두는 게 좋다.

자산 서식지를 글로벌 우량 자산으로 옮겨라

미국은 전 세계 주식 시장 시가총액의 50퍼센트 이상을 차지하고 있다. 또, 가장 강력한 기축통화인 달러를 사용하고 있다. 첨단 기술, 기업경쟁력, 군사력이 가장 우수하며, 게다가 인구가 많아 내수 시장이 탄탄하다. 주식시장은 상승과 하락을 반복하면서 우상향하는 추세에 있다. 반면 국내 코스피, 코스닥 시장은 주식 수익률이 저조하다. 최근 해외 주식 규모는 큰 폭으로 늘어났다. 2024년 한국 대표 지수인 코스피는 9.4% 하락했는데 같은 기간 미국 S&P500 지수는 26.6%, 나스닥 지수는 33.4% 상승했다.

토마 피케티 교수는 《21세기 자본》에서 지난 300년 동안 부의 성장과 양극화에 대해 분석했다. 그 양극화의 원인은 자본을 가진 사람과 갖지 않은 사람과의 차이에 있었다. 자본소득이 노동소득보다 항상 우위에 있고, 자본주의가 발달할수록 소수 부유 계층에 자본이 집중돼 분배 구조의 불평등이 악화한다고 지적한 바 있다. 부를 이루기 위해서는 자본에 투자해야 하고, 자본은 안전하고 우량해야 한다. 우량한 자본을 가지는 것이 자산관리이고 투자이다. '해외 자산에 투자하면 국부 유출이 되지 않느냐'라는 부정적 시각이 있을 수 있지만, 장기적으로 국가의 부가가치를 높일 수 있어 유익하다.

노후에는 안정적인 자산 담보가 돼야 하기에 글로벌 우량 자산에 눈을 돌려야 한다. 국민연금의 2024년 수익률이 처음으로 15%를 돌파했다. 국내 주식 부문 수익률은 마이너스로 저조했지만, 해외 주식 투자로 30%대 수익률을 기록한 덕분이다. 지난 10년 동안 국민연금의 평균 위험자산 비율은 40%대에 불과했지만, 2025년부터는 장기적 위험자산 비중을 65%까지 가져갈 수 있게 하는 '기준 포트폴리오'도 시행된다. 국민연금 기금운용위원회 내에서도 장기적으로 해외 투자를 늘려가는 게 불가피하다는 공감대가 형성돼 있다. 고령화 인구가 늘어 국민연금이 적자로 전환되면 국내 자산 비중이 클수록 국내 시장 충격이 커질 수 있다. 이 점을 고려하여 해외 투자 비중은 점차 늘어날 전망이다.

인컴 자산 위주로 포트폴리오를 구성해라

인컴 자산은 정기적으로, 현금으로 수익을 창출할 수 있는 자산을 의미한다. 고배당주, 리츠 배당 수익, 부동산 임대 수입, 채권 이자 등이 있다. 여기서 나온 수익금을 다시 재투자하여 장기간 복리로 수익을 극대화할 수 있다. 금과 비트코인은 인컴 자산이 아니다. 채권과 예금은 인컴 자산이라고 볼 수 있지만, 자산 가격이 변동이 없이 고정돼 있다. 반면, 주식이나 부동산은 자산 가격이 올라갈 확률이 높다. 인컴 자산은 자산 가격 변동에 영향을 받지 않고 일정하게 배당을 받음으로써 안정적인 현금 흐름을 유지할 수 있어 은퇴 후 생활비 마련에 유용하다.

배당주로는 안전한 글로벌 자산 중 하나인 미국 배당주를 고려할 만하다. 미국 고배당주는 배당킹, 배당귀족, 배당성취자에 해당하는 기업을 고르면 된다. 50년 이상 배당금을 증가시킨 기업을 배당킹(Dividend King)이라고 하는데 2024년 기준으로 배당킹에 해당하는 기업이 56개다. 배당귀족(Dividend Aristocrats)은 25년간 배당금을 늘린 종목이고, 배당성취자(Dividend Achiever)는 10년 이상 배당금을 늘린 종목을 말한다. 리츠는 수익의 90% 이상을 의무적으로 배당해야 하므로 현금 흐름도 안정적인 편이다. 저금리 때 들어가면 큰 수익을 얻을 수 있다.

11장

행복한
노후 생활을
위하여

1. 건강

60대의 화두는 단연 건강이다. 건강은 막스 베버가 말하는 3P, 즉 돈(property), 명예(privilege), 권력(power)보다 더 중요하다. 건강한 노후를 보내기 위해서는 건강에 투자해야 한다. 건강할 때는 건강의 고마움을 모르지만, 건강을 잃고 나면 건강이 그 무엇보다도 소중함을 알게 된다. 건강 관리에 시간을 대폭 할애해야 한다. 건강에 에너지를 쏟고 돈도 투자해야 한다. 60대 이후에는 질병으로 인한 의료수가가 급속도로 높아진다. 건강 관리를 잘하는 것이 노후 최고의 재테크다. 건강관리를 잘해야 노년 삶의 질을 높일 수 있다.

은퇴하게 되는 60살쯤 되면 중년기에서 노년기로 접어든다. 급속도로 신체적 변환기를 겪게 된다. 몸이 예전 같지 않다. 노후 과정이 진행되면서 몸 곳곳에서 기능 장애가 발생한다. 머리카락이 빠지고 가늘어진다. 무릎, 어깨, 손목 등 곳곳이 아프다. 고혈압과 고지혈증, 당뇨가 찾아오기도 하고, 시력도 약해진다. 기억력이 예전 같지 않아 곧잘 잊어버린다. 잠도 깊이 잘 수 없어 자주 깬다. 근력 저하가 현저하게 나타난다. 방광 근육도 약해져 화장실에 자주 가게 된다.

65세가 되면 신체 기능이 더욱 떨어진다. 여러 의학 통계를 보면 40퍼센트 정도 입냄새가 나고, 무릎은 50퍼센트 이상, 허리는 70퍼센트 이상 관절 변형이 온다. 정신적으로도 약해져 15퍼센트가 우울 상태라고 한다. 80세가 넘으면 70~80퍼센트가 난청에 시달리고, 99퍼센트가 백내장에 걸린다. 이완정 고려대 심리학과 교수는 중년기 여성은 빈둥지 증후군, 부엌 증후군, 남편 재택 스트레스가 있고, 중년기 남성은 휴일 신경증, 상승정지 증후군, 테크노 불안증이 있다고 한다. 남녀 공히 중년기 이후에는 육체적, 심리적 혼란기가 있다. 이 기간에는 활동성이 제한되는 변화를 겪게 된다. 인생의 자연스러운 과정으로 받아들이고, 잘 극복해야 한다.

부부 수명에 대한 통계가 있다. 부부 수명은 부부 둘 중 한 명까지 생존하는 기간을 말한다. 60세 동갑 부부의 경우 기대수명은 남편이 82세이고, 아내는 87세이다. 부부 기대 수명은 90세이다. 60세 이후 부부가 기대 수명인 90살까지 30년 중 19년은 함께 살고, 나머지 11년은 홀로 살아간다. 부부가 함께 살아 있는 19년을 보면, 부부 모두 건강한 기간은 10년에 불과하고 한 명 이상 아픈 기간이 9년이나 된다.[1] 75세 이후에는 건강한 사람이 거의 없고, 대부분 도움을 필요로 하게 된다. 건강이 점차 악화되는 비율이 70퍼센트가 되고, 혼자 충분히 생활할 정도로 건강한 사람의 비율은 불과 11퍼센트 정도이다.

평균수명에서 질병이나 부상으로 활동이 불편한 기간을 뺀 기간이 건강수명이다. 우리나라의 2020년 건강수명은 70.9세, 평균 수명은 83.5세이다. 약 12.6세만큼 차이가 난다. 건강수명 격차는 여성이 13.6세, 남성은 11.9세로 여성이 1.7년 정도 더 아프다. 75세 이전에 사망하는 비중도 여성이 11퍼센트로 남성에 비해 낮다. 기대 수명이 남성보다 여성이 길고, 부부 중에 건강하지 못한 기간이 여성이 더 기니 질병 관련 보험 등을 잘 갖추어 놓아야 한다. 소득 수준별로 살펴보면, 소득 5분위(최상위)의 건강수명이 74세인 데 반해 소득 1분위(최하위)의 건강수명은 65세로 9년이나 차이가 난다. 건강수명에서도 소득이 중요한 요인이 됨을 알 수 있다.[2]

내 건강은 내가 지켜야 한다. 자신의 건강은 스스로 책임져야 한다. 화가 파블로 피카소는 67세에 막내가 태어났고, 희극 영화의 대가 찰리 채플린은 네 번 결혼했는데 73세 때 아들을 보았다. 그만큼 건강했다는 거다. 대부분의 병은 타고난 유전과 후천적 습관에 기인한다. 미국 기업 CEO 중에는 비만인 사람이 별로 없다고 한다. 자신의 건강 관리조차 제대로 못 하는 사람이라면 회사의 경영은 더욱 불가능하다는 인식 때문이다. 가끔 햄버거로 소탈하게 식사를 하는 장면을 우리가 쉽게 목격하는 워런 버핏은 자신의 정신적, 육체적 건강을 위해 아흔 살의 나이에도 운동을 게을리하지 않는다. 버핏은 "우리는 정신과 육체 하나로 평생을 산다. 젊었을 때 돌보지 않으면 우박이 떨어지는 길가에 자동차를 내놓고 녹슬도록 방치하는 것이나 마찬가지다. 지금 몸과 마음을 관리하지 않으면 40, 50세가 됐을 때 옴짝달싹 못 하는 망가진 자동차가 되고 말 것이다."라고 했다.

질환에 걸리기 전에는 전조 현상이 있다. 만성적인 변비, 불면증, 소화 불량, 어깨 결림, 만성적 피로 등 몸이 보내는 적신호가 있다. 가볍게 생각하다가 심각한 병으로 진행될 위험성이 있다. 건강은 음식, 수면, 운동, 일, 사회적 관계, 수분, 기호품, 휴식, 심리 상태, 스트레스 등 여러 가지 요인과 밀접한 관계가 있다. 어느 하나에 문제가 생기면 몸의 항상성을 유지할 수 없다. 몸 전체에 나쁜 영향을 미치게 된다. 건강하기 위해서는 양질의 수면이 필수적이다. 운동도 규칙적으로 해야 한다. 음식을 통해 균형된 영양분을 충분히 섭취해야 한다.

그 외에도 건강을 유지하기 위해서 심리학자들은 일기 쓰기와 감사 생활을 추천한다. 1592년 임진왜란 때 이순신 장군은 난중일기를 썼다. 국란의 위기에서 두려움을 용기로 승화하고, 공포를 이겨낼 수 있었다. 전세를 객관화하고, 이성적으로 전략을 세울 수 있었다. 하루 3~5가지 감사 제목을 적고, 감사한 마음으로 살아가는 것도 건강에 도움이 된다. 조용한 시간을 가지는 것도 좋다. 기도, 명상, 심호흡에 해당한다. 스트레스 받을 때 깊은 호흡을 하면 정신이 맑아진다. 심호흡은 부교감신경을 자극해 마음을 진정시키고 면역기능을 높이는 효과가 있다.

여기서는 건강을 유지하기 위해 가장 중요한 수면, 운동, 음식을 중심으로 살펴보고자 한다.

수면

건강관리에 수면이 가장 중요하다. 수면은 최소 7~8시간을 확보해야 한다. 충분한 양질의 수면은 면역력을 높여 각종 질병을 예방할 수 있다. 정신을 맑게 하고 몸의 회복과 치유를 돕는다. 심혈관 질환 30%를 감소시키고, 치매 방지에도 탁월한 효과가 있다는 의학 통계도 있다.

질 좋은 수면을 충분히 취하면 부교감 신경계가 소화, 조직 재생, 독소 제거, 치유, 성장과 같은 모든 장기 프로젝트를 처리할 수 있게 한다. 축적된 독소를 제거하고 염증을 줄이는 데 집중할 수 있어 만성 통증과 염증성 질환 위험이 감소한다.

나이가 들면 수면의 질이 떨어진다. 잠을 자는 도중에 자주 깬다. 이때 수면제에 의존하지 않고 충분한 잠을 잘 수 있도록 최대한 노력을 해야 한다. 낮에 적당한 운동도 도움이 된다. 정신적, 정서적으로 문제가 없는지 자신을 돌아봐야 한다. 수면제는 일시적으로 수면에 도움이 될 수 있지만, 과다한 수면제 복용은 부작용이 많다. 수면제를 상용화하면 인지 기능이 손상되고, 암과 조기 사망 위험이 증가할 수 있다. 잠을 못 자 일상생활에 지장을 줄 경우 의사의 상담을 받아 멜라토닌을 보충하면 도움이 된다.

충분한 잠을 자도 개운하지 못하고 졸린다면 수면무호흡증후군을 의심해 봐야 한다. 수면무호흡증후군은 밤 동안 주기적으로 호흡이 멈춰 산소 부족 상태가 된다. 생명 유지에 산소가 중요하다. 부족한 산소 공급은 뇌에 치명적이고, 불안 장애, 우울증, 고혈압, 당뇨병, 기타 염증성 질환을 야기시킨다.

수면을 개선하기 위해시 심리 전문가인 엘리자베스 스탠리가 제안

하는 내용이다.[3]

첫째, 매일 같은 시간에 잠자리에 들고 일어나도록 한다. 가급적 밤 11시 이전에 잠자리에 들어야 양질의 깊은 수면을 취할 수 있다.

둘째, 규칙적인 운동은 수면의 질을 높인다. 지나친 운동은 오히려 수면을 방해한다. 취침 3시간 전에는 운동을 끝내는 것도 중요하다. 스트레칭, 요가를 병행하면 좋다.

셋째, 수면을 방해하는 식단을 삼가야 한다. 불면증이 있거나 카페인에 민감하다면 오후 시간 이후에는 카페인이 함유된 음료나 차를 마시지 않는 게 좋다. 저녁 식사 후 4시간 이후에 잠자리 들고, 잠들기 전 음주도 피해야 한다. 잠들기 2시간 전부터 물도 자제해야 한밤중에 깨서 화장실 가는 일을 줄일 수 있다.

넷째, 잠들기 전 자극적인 대화, 말다툼을 삼가고, 컴퓨터, TV, 휴대전화 등 전자 기기 사용을 멀리하는 게 좋다. 자극적인 대화나 말다툼은 뇌를 흥분하게 한다. 대부분 전자 제품에서 발산하는 블루라이트가 멜라토닌을 억제해 수면을 방해한다.

마지막으로 심호흡, 명상을 통해 긴장을 풀거나 욕조에 따뜻한 물을 담아 스트레스 받은 몸을 진정시키는 것도 좋다. 조용한 음악이나 일기 쓰기도 도움이 된다.

그럼에도 한밤중에 자주 깬다면 의사에게 상담받을 필요가 있다. 호르몬 불균형, 우울증, 불안 장애, 위·식도 역류 등 잠재적 원인은 없는지 의료 전문가로부터 진료를 받아야 한다.

운동

노후 건강에 정기적인 운동은 필수다. 운동은 면역체계를 높일 뿐만 아니라 인지 기능 향상, 심혈관 질환 방지, 우울증에도 좋다. 전신을 움직이면 혈액이나 림프의 흐름이 좋아진다. 신진대사를 조절해 인슐린 저항성, 대사증후군, 당뇨병에 걸릴 위험을 감소시킨다. 만성통증, 자가면역질환, 관절염 등 염증성 질환에도 좋다. 유산소와 근력 운동을 하고, 스트레칭도 병행해야 한다. 인지 능력이 감소해 일상생활에 지장을 주는 치매에도 운동이 최고다. 치매는 60대는 100명 중 1명, 70대는 10명 중 1명, 80대는 4명 중 1명이 걸린다. 운동은 치매를 예방하거나 지연시키는 데 탁월한 효과가 있다.

신체적·인지적 건강을 위한 최적의 운동 프로그램이 요구된다.

첫째, 체력을 키우고 심혈관을 단련하기 위해서 유산소 운동이 필요하다. 러닝, 빠른 걸음으로 걷기, 등산, 수영, 스피닝, 계단 오르기, 스포츠 등 다양한 운동이 있다. 매회 30분 이상, 매주 3회 이상 심박수를 높이는 게 좋다. 맥박 90회 정도로 30~40분간 걷기도 추천한다. 빠른 걸음으로 3~4킬로미터 걸으면 체지방이 분해되기 시작한다.

둘째, 골다공증과 골절의 위험을 줄이려면 웨이트 트레이닝을 통해 근력을 강화하고, 골밀도를 증가시켜야 한다. 헬스장에서 근육에 부하를 싣는 운동 기구나 장비를 이용해도 좋고, 비용이 부담스러우면 집에서 바벨이나 운동용 볼, 폼 롤링 등 간단한 기구를 활용해도 좋다. 플랭크나 스쿼트 등 빈손으로 가능한 운동도 있다. 코어 근육과 하체 근육을 발달시켜 나가면 좋다. 운동 전문가는 최소 주 2회는 근력 운동을 추천하고 있다.

셋째, 몸의 긴장을 풀고 유연성을 높이기 위해서 스트레칭, 요가 등도 필요하다. 목, 어깨, 등, 골반 등 경직되고 딱딱하기 쉬운 신체 부위를 부드럽게 스트레칭함으로써 균형 있고 질서 있는 몸을 만들어 준다. 유산소 운동이나 웨이트 트레이닝 후 몸의 긴장을 해소하고 몸의 열기를 식히기 위해서 스트레칭을 병행하면 매우 효과적이다.

이와 같이 유산소 운동(러닝), 근력 운동(웨이트 트레이닝), 장력 운동(유연성) 3가지를 한 패키지로 매회 45~60분씩 일주일에 최소 3회 이상을, 6개월간 지속하면 놀라운 신체 변화를 느낄 수 있다.[4] 면역력이 강화되고, 체형이 바르게 된다. 일에 대한 자신감과 마음의 여유가 생긴다. 인내의 범위가 넓혀지고, 자존감도 높아진다.

운동이 건강이나 몸매 관리만을 위한 게 아니다. 긍정적인 뇌를 만들기 위해서, 행복의 기본 수준을 높이기 위해서, 회복탄력성을 향상시키기 위해서 오늘부터 당장 시작해야 할 일이 규칙적인 운동이다.[5] 삶의 목적과 존재 이유를 상실한 자, 인생의 길과 방향을 잃고 헤매는

자, 막연한 두려움이 엄습하고 일상의 짐이 무겁게 다가오는 자도 무조건 운동하라. 운동이 전환점이고 해답이다.

음식

1977년 식사와 건강에 관한 흥미로운 연구가 미국에서 나왔다. 국가가 부담하는 의료비가 증가해 마침내 국가 재정을 위협하는 수준에 이르게 되자 상원에서 '국민영양문제 특별위원회'가 설립되었고, 상원의원인 맥거번이 위원장이 되어 '맥거번 리포트'를 발표하였다. 많은 병의 원인은 잘못된 식생활에 있다는 게 주된 내용이다. "You are what you eat"(무엇을 먹는가가 당신의 건강을 결정한다)이라는 서양 속담도 있다. 그만큼 음식이 건강에 중요하다.

일반적으로 건강에 좋다고 알려진 것 중에 실제로는 건강에 해를 끼치는 것도 적지 않다. 대개 근육 강화를 위해 고단백 육류 식사를 주로 해야 한다고 하지만, 실제 말이나 사슴 같은 초식동물이 육식동물보다 훨씬 발달된 근육을 가지고 있다. 성장을 촉진하는 육류 위주의 식사는 노화를 재촉하는 식사가 될 수 있다고 경고하는 식품학자나 의료인도 많다. 칼슘이 부족해지지 않도록 매일 우유를 마시면 좋다고 하지만 우유를 많이 먹으면 골다공증이 걸리기 쉽고, 우유와 공기가 섞이면 산화된 지방으로 변해 건강에 좋지 않다고 한다. 살균 효과와 항산화 작용이 있는 카테킨이 풍부한 녹차가 암 예방에 좋다고 하지만, 지나친 차는 위 점막을 얇게 만들어 위축성 위염을 야기할 수 있다는 의학 연구 결과도 있다.

자기 전에 식사를 하면 건강에 안 좋다. 인슐린이 대량으로 분비되는데 인슐린은 탄수화물과 단백질을 모두 지방으로 바꾸기 때문에 밤늦게 먹으면 쉽게 살이 찐다. 자기 전에 먹는 습관이 수면무호흡증후군 발병을 초래한다는 연구도 있다. 자기 전에 술도 위험하다. 심야 음주나 식사는 위 속 내용물이 역류해 무호흡을 일으키고, 이로 인해 혈중 산소 농도가 떨어져 심장마비나 심근경색의 원인이 되기도 한다.

술이나 담배, 채소와 과일에 남아 있는 농약, 스트레스, 전자파 등도 인체에 나쁘다. 건강을 유지하기 위해서는 생활 습관이 중요하다. 의학 전문가들은 사람이 유전적으로 결정된다는 사실도 맞는 말이지만, 규칙적이고 건강한 식습관을 통해서 병 없이 건강한 삶을 살 수 있다고 한다. 영양제보다도 일상생활을 개선하는 게 건강에 더 중요하고 도움이 된다. 병은 자신이 오랫동안 쌓아온 나쁜 습관의 결과이다. 식사법이나 생활 습관을 개선해야 한다.

음식과 관련해 가장 중요한 것은 저녁을 일찍 먹고 소식하는 데 있다. 식품 의학자들은 이구동성 저녁 식사를 잠자기 4시간 전에 끝내고, 잘 때는 위를 빈 상태로 두라고 지적하고 있다. 꼭꼭 씹으면 식사 시간이 오래 걸리므로, 먹는 중에 혈당치가 올라가 식욕이 억제돼 과식하지 않게 된다. 습관적인 음주나 흡연, 과식, 식품 첨가물을 함유한 식사, 스트레스, 의약품 의존 등은 생명 에너지와 면역력을 저해한다. 수면제를 자주 복용하게 되면 기억력이 흐려지거나 알츠하이머병에 걸릴 수 있다.

산화된 식품은 활성산소를 만들어 세포 내의 유전자를 파괴하고 암의 원인을 제공하는 등 각종 건강상의 문제를 불러일으킨다. 활성산소를 억제하기 위해서는 항산화 물질을 함유하고 있는 적포도주, 코코아, 대두가 좋다. 눈에 보이지 않는 장 속의 변화에도 신경 써야 한다. 게실이나 주름 사이에 쌓인 숙변에서 독소가 발생해 그 부분의 세포가 유전자 변화를 일으켜 폴립을 만드는데, 폴립이 자라서 암으로 진행된다. 튀김, 마가린, 과자 등에 많이 함유된 트랜스 지방은 나쁜 콜레스테롤을 증가시키고, 좋은 콜레스테롤을 감소시킨다. 동물성 단백질을 지나치게 많이 섭취하면 몸에 독이 된다. 완전히 분해, 흡수되지 못하고 장내에서 부패해 대량의 독소를 만들어 낸다. 한방약이든 화학약품이든 약에 지나치게 의존하는 것도 몸에 독이 될 수 있다. 미네랄이 풍부하고 비옥한 토지에서 화학비료나 농약을 사용하지 않고 수확한 신선한 식품이 건강에 좋다. 일본 남쪽 가고시마현 아마미군도에는 100세 이상 인구가 전국 평균 2.7배에 이른다. 가고시마현에 사는 100세 인들은 식이섬유가 많이 든 야채류, 해조류, 콩류와 된장 같은 발효식품을 유난히 즐겨 먹는다. 도쿄대학 연구에 따르면, 식이섬유는 염증 노화를 막는다고 한다. 늙은 세포에서 나오는 미약한 염증이 신체 장기 노화나 질병을 일으키는데, 식이섬유가 이 염증 노화를 줄인다.

1996년부터 일본에서는 성인병을 생활습관병으로 명칭을 바꿔 사용하고 있다. 우리나라도 2003년 대한내과학회에서 바꿔 부르기로 했다. 일본이 낳은 세계적인 의학자인 신야 히로미(미국 알베르트 아인슈타인 의과대학 교수)는 규칙적인 생활이야말로 미라클 엔자임 소모를 막아 건강을 유지하는 데 도움이 된다며, 식사와 생활 습관을 실천해 45년간 단 한 번도 몸이 아파서 일을 쉰 적이 없다고 고백했다.

닥터 신야의 하루를 소개한다.[6]

아침: 일어나서 가벼운 스트레칭, 20도 정도 따뜻한 물을 500cc 천천히 마신다. 아침식사 전 엔자임이 풍부히 함유된 신선한 과일을 먹는다. 식사는 현미에 5~7가지 잡곡, 반찬은 채소, 낫토, 김, 미역 등을 먹는다.

점심: 11시경 물 500cc를 먹고, 30분 후 과일을 먹는다. 식전 과일은 위장의 활동을 도와주고 혈당치를 높여주어 과식을 방지할 수 있다. 식사할 때도 가열하지 않은 샐러드를 먼저 먹고 동물성 단백질을 나중에 먹는다. 골고루 영양을 섭취한다. 식후에 20~30분 정도 낮잠을 잔다.

저녁: 잠자기 4~5시간 전에 소식으로 한다. 저녁 식사 1시간 전에 물 500cc 먹고, 30분 후 과일을, 다시 30분 뒤 식사를 한다. 자기 전엔 음식을 먹지 않는다. 물도 될 수 있으면 안 먹지만, 갈증 시 수분을 조금만 섭취한다.

좋은 식사를 하고, 좋은 생활 습관을 기를 때 우리 몸은 질병 없이 건강해진다. 우리 몸은 거짓말을 하지 않는다. 건강하게 살아가기 위해서는 사랑하는 마음이 절대적으로 필요하다. 만족, 행복 등은 누군가를 사랑함으로써 생겨난다. 사랑은 면역력을 높인다. 병을 예방하는 가장 강력한 면역기능이 사랑이다.

2. 배움과 취미

배움에 대한 갈망은 인간 본능이다. 나이가 들면 주변 세상에 대해 더 많이 알고 싶어 한다. 학창 시절이나 직장 생활을 하면서는 배움을 미래 성장을 위한 고통스러운 과정으로 이해했지만, 은퇴 후에 배움은 삶을 즐기고, 의미를 찾아가는 과정으로 바라봐야 한다. 학교와 일터에서의 배움은 생존을 위한 과정이었지만, 이제는 존재와 의미를 발견하고 행복을 찾아가는 여정이 되어야 한다. 배움은 의무가 아니라 특권이다. 배움을 통해 인생의 궁극적 가치를 발견하고 내적인 성장을 이루어야 한다.

가장 성공한 사람은 평생 배우는 사람이다. 그들은 끊임없이 묻고 경이로운 세상을 탐험한다. 나이가 15세이든 115세이든, 지금 시련을 겪고 있든 한창 전성기에 있든, 당신이 인생의 어느 시기에 있든 상관없이 자신을 위한 교육 과정을 창조해야 한다.[7] 김형석 연세대 철학과 교수는 104살에 《100세 지혜》 도서를 출간했다. 끊임없이 배우고 일을 계속해 왔다. 김 교수는 일어나는 사회 현상에 대해 호기심을 잃지 않았다. 사회 부조리 앞에 침묵하지 않고 대안을 제시하고 있다. 김 교수는 "신체적 노화는 어쩔 수 없지만 정신적 노화는 자신의 책임이다"라고 하면서 "지식을 갈구하는 자는 늙지 않는다며 늙지 않으려면 문학을 읽어야 한다"라고 강조했다.

배움과 취미 활동을 통해 노년을 활기차게 보내야 한다. 특히 책을 많이 읽길 적극 추천한다. 책 내용이 실용적인 것도 도움이 되지만, 인문학, 역사, 철학, 예술로 확대해 자신을 성찰해 봄도 좋겠다. 책 읽기를 통한 배움은 심리적 노화를 지연시킨다. 책을 읽으면 우리가 살아가면서 가지게 되는 근본적인 질문에 답을 얻게 된다. 나는 누구인가? 내가 잘 살고 있나? 과연 인생은 무엇인가? 책을 읽으면서 나를 탐색하고, 나를 찾아가는 여정이 되었으면 좋겠다. 내가 얼마나 연약하고, 부족한 존재인지를 깨닫게 된다. 내가 편향에 빠져 좁은 세계관을 가지고 있음도 자각하게 된다. 합리적인 선택을 한다고 하면서도 정작 비합리적인 행동을 하고 있는 자신을 발견하게 된다. 책을 읽고 곱씹으면서 깊은 여운과 울림을 발견했을 때 기쁨과 감동은 크게 다가온다. 달콤한 맛이 있다. 세계적 뇌과학자 가와시마 류타는 7만 명의 뇌를 14년간 추적 연구했다. 그 결과 독서야말로 디지털 시대에 가장 필요한 뇌 활성화 도구임을 발견했다. 가와시마 교수의 연구에 따르면, 책을 읽을 때 뇌의 거의 모든 영역이 활성화된다고 한다. 독서가 뇌의 전반적인 활동을 촉진하고 창의력, 기억력, 집중력을 향상시키는 데 도움이 된다. 뇌를 자극하면 치매 방지에도 도움이 된다. 사고력이 깊어지고 자존감이 높아진다. 책 읽기를 통해 심리적 포만감을 채워보자.

무료 동영상 학습 웹사이트를 통해 양질의 강의를 들을 수 있다. 휴대전화, 노트북, PC, 아이패드 등 다양한 기기에서 이용할 수 있다. 먼저, 2006년 살만 칸(Salman Khan)이 만든 칸 아카데미가 있다. 칸 아카데미 수업은 유튜브와 칸 아카데미 웹사이트(KhanAcademy.org)에서 들을 수 있다. 칸 아카데미의 모토가 '누구든, 어디에서든 들을 수 있는 세계 최고의 무료 교육'이다. 칸 아카데미는 고등학교 수준에서 대학원 수준까지 무료 강의 수천 개를 제공하고 있다. 또 다른 유용한 사이트로 코세라의 웹사이트(Coursera.org)가 있다. 예일, 펜실베이니아, 스탠퍼드, 듀크, 존스 홉킨스 등 세계적인 대학교 3천 개 이상의 강의를 무료로 들을 수 있다.[8]

취미 활동도 중요하다. 혼자 하는 취미보다는 주위 사람들과 함께 어울려 하는 취미가 더욱 좋다. 취미나 공통 관심사를 가지고 있는 사람과 사회적 연결 고리를 가지면 건강에 도움이 된다. 취미 활동에는 성악, 악기, 글쓰기, 미술, 여행 등 다양한 분야가 있다. 지자체 행정복지센터나 공공 단체 및 기관에서 운영하는 교양 및 취미 강좌를 저렴하게 이용할 수 있다. 가족이나 친구, 지인과 함께 맛집 기행도 좋다. 여행을 가고 맛집을 찾아다니자. 꼭 비싸지 않아도 된다. 가성비 높은 맛집 발견은 일상생활에 새로운 즐거움을 준다.

3. 사회적 관계

외로움은 건강의 최대 적이다. 세계 장수 마을을 살펴보면, 공통적으로 가족이나 친지와 더불어 살아가는 곳이 많았다. 가족과의 애정과 친지들과의 교류가 사회적 관계의 기초가 된다. 가족과 친지들과의 강한 유대는 심리적 안정과 정서적 지지를 제공한다. 괴테는 "친구가 없는 천국보다 불행한 곳은 없다"라고 했다. 의학적 연구에 따르면, 사회적 고립과 외로움은 심장 질환, 우울증, 인지 기능 저하 등 다양한 건강 문제를 일으킨다. 가족과 친지와의 밀접한 관계를 보다 확장해 주변 사람들과 마음을 나눌 수 있는 사회적 관계망을 구축하는 것이 좋다. 일본 오키나와에서 100세인 1,000명 이상을 진료하고 생활 형태를 기록한 의사의 분석에 따르면, 건강의 비결이 여러 사람과의 두터운 관계 또는 타인과의 끈끈한 연결이라고 밝히고 있다. 타인과의 관계가 두터울수록 염증 노화를 일으키는 유전자 발현이 억제됨이 입증되었다. 사회적 관계가 거의 없거나 관계의 질이 낮은 것은 심혈관 질환, 고혈압, 심장마비, 자가면역질환, 암, 상처의 느린 치유 등과 관련이 있다는 연구 조사 결과도 있다. 외로움은 인지 기능을 손상해 치매 발병 위험을 높인다. 수면의 질 저하를 초래하고, 노화를 가속한다.

풍성한 사회적 관계를 위해서는 커뮤니케이션의 철학과 기술이 필요하다. 밥과 커피를 자주 사고, 선물도 하자. 자주 베풀어야 한다. 밥을 사는 효과는 위대하다. 밥에서 인심이 난다. 말은 너무 많이 하지 말고, 상대방 말에 경청하자. 말하기보다 듣기를 즐겨 해라. 말을 하되

라도 비난, 불만, 불평을 하지 말고, 늘 밝고 긍정적인 말을 하자. 부정적인 말은 상대방을 불편하게 만들 뿐만 아니라 좋은 기운을 빼앗아 간다. 반면 긍정적인 말을 하게 되면 얼굴에 긴장이 풀리고, 윤기가 흐른다. 커뮤니케이션이 잘 안되면 인간관계에 문제가 일어나고, 이로 인해 혼자가 돼 외롭게 된다. 외로움은 우울증을 일으키고, 우울증은 치매의 원인이 되기도 한다. 성공하려면 커뮤니케이션 능력이 중요하다. 직장 생활에서 승진하고 성공하는 요인이 개인의 능력보다는 주위 사람과의 좋은 관계와 평판에 있다는 조사 결과도 있다.

커뮤니케이션에서 실제로 적용할 수 있는 몇 가지 요령을 소개하겠다.

첫째, 사람들과의 대화에서 지나친 독점은 삼가라.

1/N이 좋다. 대화시간은 전체 모인 시간을 사람 수로 나눠 골고루 시간을 할애하는 게 좋다. 이 세상에는 지금 말하는 사람과 말하기를 기다리는 사람 2가지 종류의 사람만 있다. 경청은 최고의 커뮤니케이션 기술이다.

둘째, 커뮤니케이션의 핵심은 팩트가 아니라 듣고 싶어 하는 얘기를 하는 데 있다.

오랫동안 보지 못한 친구를 만나 다소 얼굴이 늙고 상해 보인다고 하더라도 사실 그대로 말해서는 안 된다. 대신 '세월이 흘러도 여전히 변함없네', '예전과 같이 지금도 늘 동안이네' 등 상대방이 듣기 좋은 말을 하는 게 좋다.

셋째, 다양성을 존중하고 나름과 차이를 인정하라.

나와 다른 사람의 생각도 존중받을 가치가 있다. 인간은 심리적으로 자기 과신과 확증 편향성을 가지기 쉽다. 자신의 경험과 이성이 항상 옳다고 생각하는 경향이 있다. 그만큼 인간은 연약하고 비합리성을 가진 취약한 존재다. 절대 선, 절대 의는 없다. 상황에 따라 맞을 수도, 틀릴 수도 있다. 표면에 드러나는 것은 일부다. 일부를 보고 판단하면 오류나 실수를 범할 수 있다.

넷째, 질문을 통해 관심과 사랑을 표현해라.

일방적인 말보다 질문을 통해 상대방 얘기를 이끌어 내야 한다. 나이, 결혼, 거주지, 직업, 연봉 등 사생활에 관계된 질문은 매우 조심해야 한다. 아주 친밀한 관계가 형성되었을 때 가능한 대화이다. 질문할 때도 취조하듯이 말하지 말아야 하고 사생활을 보호해야 한다.

마지막으로, 상대방을 인정하고 공감하는 말을 하자.

《정상의 법칙》이란 책에 성공하는 CEO들이 공통적으로 많이 사용하는 단어가 '그래요?' '그렇군요'라고 나와 있다. 상대방을 인정하고 공감하는 말이다. 상대의 존재나 가치를 존중한다는 의미다.

의사소통에는 부부 간의 소통, 자녀와의 소통, 친구나 지인 간의 소통, 모임에서의 소통, 자신과의 소통 등 여러 형태의 소통이 있다. 부부 간의 소통을 소중히 여긴 워런 버핏은 성공을 돈에 기준을 두기보다 아내와의 관계에서 바라봤다. 그는 2013년 《포천》에서 "나를 사랑해 줬으면 하는 사람에게 사랑받는다면 성공했다고 말할 수 있다."라고 말했다. 자녀와의 소통도 매우 소중하다. 자녀와의 소통이 잘 안 돼 여러 문제가 일어나기도 한다. 문제 있는 자녀는 근본적으로 부모와의 소통에 원인이 많다. 간디는 세상에서 값지고 의롭게 살다가 이 땅을 떠났지만, 자녀와의 소통이 잘 안되었다. 간디가 죽자 장례식에도 자녀가 나타나지 않았다는 일화는 유명하다. 워런 버핏은 친구들과의 소통도 매우 중요하게 여겼다. 그는 "내가 건강을 제외하고 가장 가치 있다고 생각하는 자산은 평생 함께할 수 있는 다양하고 흥미로운 친구들이다"라고 했다. 모임에서도 소통을 잘해야 한다. 남의 말을 잘 경청하고, 지나치게 대화를 독점해서는 안 된다. 자기와의 소통도 너무 중요하다. 내면 깊은 자신과의 대화는 자존감을 높이고, 험난한 세상을 살아가는 데 흔들리지 않는 뿌리 역할을 한다.

나이 먹으면서 정말 경계해야 할 언어 습관이 있다. 자기 의견이나 주장을 너무 강하게 얘기하거나 고집부리지 말아야 한다. 상대방에게 자신의 의견을 일방적으로 주입하거나 강요하는 말투는 삼가야 한나. 나이가 들어가면서 겸손하고 사고가 유연해질 수도 있지만, 고집과 아집도 또한 늘어날 수 있다. 심지어 오랜만에 반가운 친구를 만나 대화 도중 말 다투기도 한다. 다시는 만나고 싶지 않아 자연스레 이별 아닌 이별을 하게 되는 수가 있다.

가수 "시인과 촌장"이 부른 가시나무새에 나오는 '내 속엔 내가 너무도 많아 당신의 쉴 곳 없네'라는 가사가 있다. 나이가 들면 내 안에 잠재된 '에고'라는 적을 조심해야 한다. 누구나 지나온 세월에 대한 회한과 아쉬움이 있다. 억울함과 부당함, 좌절감과 상실감도 있다. 이런 부정적인 감정을 잘 다루지 못하면 상대방에게 해를 끼칠 수 있고, 결국 나 자신을 파멸시킨다. 사소한 일에도 화를 잘 내고, 분노조절 장애로 연결될 수 있다. 일본에서는 '폭주 노인'이 사회 문제가 되기도 한다. 우리나라에도 최근 노인 범죄가 더욱 늘어나는 통계도 있다. 대검찰청 보고서에 따르면 2021년 65세 이상 고령자 범죄 비율이 2014년 이후 처음으로 10%를 넘어섰다. 자신을 성찰하고, 타인과 그리고 세상과 열린 마음으로 소통해야 한다.

주위에 나의 도움이 필요로 하는 사람들에게 반응하며 살아가면 좋겠다. 워런 버핏은 2024년 기준 누적 기부액이 약 560억 달러로 세계 최대 개인 자선가가 되었다. 그는 또 빌 게이츠와 함께 더기빙플레지를 세우고 20개국 이상의 억만장자 약 200명에게 평생 또는 사후에 자산의 반 이상을 기부하도록 설득했다.(9) 전설적인 복싱 선수 무하마드 알리는 "다른 사람을 위해 봉사하는 것은 세상이라는 집에 살기 위해 내는 집세다."고 했고, 중국 속담에 "한 시간짜리 행복을 원한다면 낮잠을 자라. 하루짜리 행복을 원한다면 낚시를 하라. 1년짜리 행복을 원한다면 유산을 물려받으라. 평생 갈 행복을 원한다면 누군가를 도우라."는 말이 있다. 우리가 사는 사회에 따스한 온기로 함께 다가서며 주위의 어려운 사람을 돕고 보듬으면 더없는 기쁨이고 행복이 찾아온다.

워런 버핏은 소통의 기술을 강조했다. 한 학생이 버핏에게 커리어를 성공적으로 쌓기 위해 가장 중요한 기술이 무엇인지 물었다. 이에 버핏은 "올바르게 소통하지 않으면 좋아하는 여자에게 어둠 속에서 윙

크를 날리는 꼴"이라고 했다. 이어 "소통을 잘하면 잠재 소득을 50퍼센트 가까이 늘릴 수 있다"라고도 했다. 노령에 두 가지 나이가 있다. 주민등록상 행정 나이가 있고, 심리적 나이가 있다. 심리적 나이가 중요하다. 늘 마음 한편에 젊음을 유지하면서 활기차게 살아가야 한다. 주위 사람에게 잔소리보다는 무한한 신뢰와 지지, 격려를 보내자. 지나온 세월을 반추하면서 감사하고, 향후 남은 인생에 기대감을 가지고 하루를 살아가자.

에필로그

 인생을 크게 3단계로 나눌 수 있다. 1단계는 30년 동안 일을 준비하는 단계이다. 학교에 다니고 배움을 얻는다. 대학에 진학하거나 취업하기 위해 여러 활동을 한다. 2단계는 일을 하는 단계다. 사회에 참여하고 자아를 실현하는 과정이다. 가족을 부양하고 소득을 얻어 자산을 축적해 미래를 대비한다. 3단계는 은퇴 후 노후 생활을 하는 단계이다. 일로부터 해방되면서 자신을 위해 살아가는 시기이기도 하다. 여기서 제일 중요한 게 3단계이다. 은퇴 후 인생 황혼기를 행복하게 잘 보내야 한다. 건강하고 아름답게 품위와 여유로 여생을 마무리해야 한다.
 '은퇴'의 사전적 의미는 '직임에서 물러나거나 사회 활동에서 손을 떼고 한가히 지내다'라는 뜻이다. 한자로 보면 숨을 은(隱), 물러날 퇴(退)를 쓴다. 마치 은퇴가 세상과 일로부터 관계를 끊고 숨어있는 듯한 다소 부정적인 의미가 있지만, 은퇴는 나이가 들어 일어나는 자연스러운 삶의 과정이다. 자신의 주된 일자리에서 물러나는 것에 불과하다. 영어로 은퇴는 'retire'이다. 새로운 타이어로 바꾼다는 의미다. 은퇴는 새로운 일을 시작하는 것이고, 하고 싶은 일을 하는 것이다. 인생에 있어 종결이 아니라 새로운 일로 가는 여정이다.

많은 사람이 은퇴하게 되면 공허감과 허탈감에 휩싸인다. 늘 일상에서 긴장하다가 갑자기 자유가 주어지면 왠지 불안하고 뭔가 해야 한다는 강박 관념에 사로잡힐 때도 있다. 옛날 희년을 맞아 노예를 풀어주는 제도가 있었다. 50년에 한 번 노예를 해방하고 부채를 면제하면서 사회적, 경제적 평등을 추구했다. 막상 자유를 얻게 된 노예는 예전 주인에게 종속되어 통제받던 시절에 익숙해 주체적이고 독립적으로 살지 못하고 다시 주인에게 찾아와 예전의 노예 신분으로 돌아가는 사람이 있었다고 한다. 아이러니한 일이다.

책을 마무리하며 대한민국 모든 은퇴자에게 꼭 하고 싶은 조언들이 있다.

은퇴자는 젊은 날 삶의 전투에서 생존하느라 고군분투했다. 피와 땀, 수고, 열정으로 지금까지 살아왔다. 혼자 잘나서가 아니라, 주위 사람들의 많은 도움이 있어 오늘 은퇴의 자리가 있다. 자신의 실력이나 역량도 있었지만 운이 함께 따랐다. 지금 은퇴의 자리까지 온 것에 감사하는 마음가짐을 가져보자. 심리학자는 자기 위로와 격려가 지친 몸과 마음을 힐링하고, 회복하는 데 도움이 된다고 한다. 버팀이 곧 승리다. 찬사와 영광을 받기에 충분하다. 스스로 자신에게 박수를 보내면 좋겠다.

은퇴 후에는 그동안 살아온 삶을 돌아보고, 성찰하는 시간을 가져보자. 후회와 회한, 아쉬움이 있다. 공허한 마음도 든다. 뭔가 잘못 살아온 건 아닌가 하며 자책도 하게 된다. 어쩌면 인지상정일 것이다. 지난날이 허물과 부족함 투성이였다면 이제부터 칠이 들어 다시 사는 것이다. 과거의 실수와 잘못이 자양분이 되어 앞으로 바르게 살아간다면 더없이 값진 일이다. 오늘 내가 바로 서 있으면 잃어버린 과거는 없다. 정말 자신이 좋아하고, 하고 싶은 일을 찾아 새 길을 모색해 보자. 남은 인생에서 하고 싶은 일에 버킷 리스트를 작성해 실천하고 도전하는 것도 좋다. 현재는 미래의 가장 이른 시간이다.

은퇴 후에 허전한 마음이 있다면 어딘가에 몰입하는 것도 좋다. 박완서는 40세에 소설가로 등단하여 생을 마감할 때까지 글을 썼다. 배우 윤여정은 73세에 오스카상을 수상해 노년에 더욱 빛난 삶을 살고 있다. 2024년 연말 KBS 연기대상에서 이순재는 90세에 연기대상을 받아 극도로 기쁨을 누렸다. 인생 후기를 아름답고 행복하게 장식한 것이다.

무엇보다 은퇴 후 노년 삶의 질을 높이려면 건강이 우선이다. 건강을 잃으면 모든 것을 잃어버린다. 은퇴 후 운동은 필수다. 우리 몸은 본능적으로 늘 편안함을 추구한다. 내 몸과 마음이 불편한 것을 누르고 운동을 해야 한다. 운동을 소홀히 하게 되면 기초체력이 떨어지고, 그 결과 면역력이 약해져 질병에 걸릴 확률이 높아진다. 병에 걸리면 활동이 줄어들고, 두뇌 기능이 감퇴하는 등 급속히 노쇠하게 된다. 양질의 의료 서비스를 받는 것도 장수하는 데 도움이 될 것이다.

이 모든 것이 가능해지려면 탄탄한 노후 자금이 필수다. 노후 자금을 마련하고 유지할 방안에 대해서는 책 본문에서 충분히 설명했으니, 《블랙스완》과 《행운에 속지 마라》를 쓴 나심 니콜라스 탈렙의 교훈을 마지막으로 전하고 싶다.

1987년 10월 19일 블랙 먼데이에 주식 시장은 22.6% 폭락했는데,

이는 하루 최대 낙폭이었다. 바로 수개월 전 미국 경제가 아직 건재하다는 기사가 언론 지면을 장식했다. 금융시장 상황이나 주식 종목을 선별하는 데에는 전문가 예측도 빗나가기 십상이다. 《블랙스완》 책에서는 이례적인 희귀사건이 발생할 수 있다는 경고를 했다. '블랙스완'은 도저히 일어날 것 같지 않지만, 만약 발생하면 엄청난 충격을 몰고 오는 사건을 뜻한다. 특히 금융시장에서는 이례적인 희귀사건이 생각보다 자주, 그리고 크게 발생한다. 아무리 희귀한 사건이 발생할 확률이 낮아도, 일어났을 때 자신의 삶이 파괴되지 않도록 미리 방지하는 게 좋다. 과거에 일어나지 않았던 일들이 나에게도 일어날 수 있다는 사실을 역사를 통해 배워야 한다. 역사가 주는 교훈을 무시한 사람들은 가장 참혹하게 실패할 수 있다. '이번엔 다르다', '지금 시장은 과거와 완전히 다르다'라고 가볍게 생각해서는 안 된다. 영국 속담에 3대 불가사의가 있다. 첫째가 여자의 마음이다. 둘째는 봄날 땅 위에 올라온 개구리가 어디로 뛸지 모른다는 것이다. 셋째는 달밤에 개가 왜 짖어대는지 모른다는 것이다. 이 3가지에다 한 가지를 덧붙여 투자시장에서 주식의 방향도 예측할 수 없다고 한다. 버턴 말킬의 책 《월스트리트를 걷는 무작위 산책》에서 대중화된 이론 중 "Random Walk Theory"가 있다. 주가는 제멋대로 움직인다는 이론이다. 항상 실패할 수 있음을 유의해야 한다.

또 한 가지. 사람들은 매사에 작용하는 운의 비중을 과소평가한다. 운을 실력으로 착각하는 습관이 널리 퍼져 있는 세계가 증권시장이다. 주식 투자에 실패한 사람들의 특징을 보면, 자신은 시장을 잘 파악하고 있다고 과신하는 경향이 있다. 경제적으로 위험을 감수하는 사람들은 성공한 경우보다 자신의 착각에 희생된 경우가 많다. 용기가 있어 위험을 감수한 것이 아니라 단지 무지했기 때문이다. 돈을 벌었기 때문에 실력이 있다고 보지만, 순전히 운이 좋아서 돈을 벌 수도 있음을 간과해서는 안 된다. 실패는 운이 나빴다고 진단하면서도 성공을 운으로 받아들이는 사람은 많지 않다. 운 좋게 성공한 사람은 다음 기회에 그 자신감이 독이 되어 큰 실패를 당할 수 있다. 나 자신이 지극히 어리석은 존재라는 사실을 알아야 한다. 항상 자신을 경계해야 한다. 투자에 성공을 확신하면서 운을 지배하고 통제할 수 있다고 생각하는 것은 자만이다. 조금이라도 운이 좋아 성공했다면 언제 불어닥칠지 모르는 불운에도 대비해야 한다. 자신의 성공이 운은 아닌지 겸손하게 성찰해 봐야 한다. 능력이 있는데도 인생에 불운을 맞이한 사람은 결국 다시 일어서게 될 것이다. 장기적으로는 모두 실력이 수렴하게 된다. 다만 노후에는 시간이 없다. 노후 투자에서 실수를 저질렀을 때 치러야 할 대가를 생각해야 한다.

리디아(Lydia) 왕 크로이소스(Croesus)는 당대 최고의 부자였다. 어느 날 솔론은 크로이소스를 방문했다. 솔론은 존엄하고, 겸손하면서도 지혜로운 그리스 입법 의원이다. 그는 크로이소스의 엄청난 부와 화려한 재물에 조금도 놀라거나 감탄하는 기색을 보이지 않았다. 이에 마음이 상한 크로이소스는 억지로라도 인정을 받아내려 했다. 크로이소스는 솔론에게 자기보다 행복한 사람을 본 적이 있느냐고 물었다. 솔론은 전쟁에서 고귀하게 죽은 사람들을 열거했다. 그밖에 더 없느냐고 묻자, 솔론은 영웅적으로 살다가 전사한 사람들을 제시했다. 마침내 화가 난 크로이소스는 자신이 가장 행복한 사람이 아니겠냐고 단도직입적으로 물었다. 그러자 솔론이 대답했다. "세상에서 일어나는 수많은 불행한 일을 생각해 보면, 지금 즐겁다고 해서 자만해서는 안 됩니다. 또 언제든 상황이 바뀔 수 있기 때문에 행복하다고 감격해서도 안 됩니다. 우리 미래는 매우 다양한 형태로 불확실하게 전개될 테니 말입니다. 그러니 임종하는 그 순간까지 신이 행복을 허락한 사람에게만 진정 행복한 사람이라고 부를 수 있겠지요." 시간이 흘러 크로이소스는 페르시아 왕 키루스(Cyrus)와의 전쟁에서 패한 뒤, 화형을 당할 처지에 있었다. 그는 솔론의 이름을 부르며 외쳤다. "솔론, 당신 말이 맞았소." 이 모습을 보고 키루스가 왜 그렇게 절규하는지 묻자, 크로이소스는 솔론이 경고한 내용을 말해 주었다. 깊이 감동한 키루스는 크로이소스의 목숨을 살려주었다. 자신도 같은 운명에 처할지 모른다고 생각했기 때문이다. 당시 사람들은 생각이 깊었다.[1]

이 이야기에서 주는 교훈을 가슴 깊이 새기면 매우 유익하다. 성경 전도서에 "형통한 날에는 기뻐하고 곤고한 날에는 되돌아 보아라. 이 두 가지를 하나님이 병행하게 하사 사람이 그의 장래 일을 능히 헤아려 알지 못하게 하셨느니라"라는 말씀이 있다. 우리의 미래는 불확실하고 언제든지 예기치 않은 불행한 일이 일어날 수 있다. 이 책의 모든 독자가 일이 형통하고 순항할 때 겸손하고, 실패하고 삶이 버거울 때 자신을 돌아보며 용기를 잃지 않기를⋯.

미주

1장 돈과 자산관리
(1) 앙드레 코스톨라니, 《돈 뜨겁게 사랑하고 차갑게 다루어라》, 미래의 창, P.42
(2) 김승호, 《돈의 속성》, 스노우폭스북스, p.9
(3) 김승호, 《돈의 속성》, 스노우폭스북스, p.126
(4) 버턴 말킬, 《랜덤워크 투자수업》, 골든어페어, p.37

2장 노후 자산관리의 필요성
(1) 홍은주, 《생애재무설계》, 삼성경제연구소, p.26
(2) 김경록, 《60년대생이 온다》, 비아북, p.204
(3) 김대열, 《행복한 투자의 성공 법칙》, 박영사, p.16

3장 금융 교육 현주소
(1) 정갑영, 《데메테르의 지혜로운 선택》, 삼성경제연구소, p.42

4장 금융의 원초적 이해
(1) 김경록, 《성장이 멈춘 시대의 투자법》, 흐름출판, p.96
(2) 장홍래, 《워런 버핏식 현금주의 투자 전략》, 에프엔미디어, p.218
(3) 장홍래, 《워런 버핏식 현금주의 투자 전략》, 에프엔미디어, p.230

5장 금융 위기의 역사
(1) 오건영, 《위기의 역사》, 페이지2북스, p.393
(2) 크리스토퍼 브라운, 《가치투자의 비밀》, 흐름출판, p.190

6장 기업분석과 자산 종류

(1) 제러미 시겔,《주식에 장기투자하라》, 이래미디어, p.30
(2) 김경록,《성장이 멈춘 시대의 투자법》, 흐름출판, p.292
(3) 문지웅,《최소한의 경제공부》, 매일경제신문사, P.112
(4) 버턴 말킬,《랜덤워크 투자수업》, 골든어페어, p.369
(5) 김대열,《행복한 투자의 성공 법칙》, 박영사, p.151
(6) 김대열,《행복한 투자의 성공 법칙》, 박영사, p.170
(7) 이효석,《나는 당신이 주식 공부를 시작했으면 좋겠습니다》, 페이지2북스, p.111
(8) 피터 린치 & 존 로스차일드,《월가의 영웅》, 국일증권경제연구소, p.38

7장 승리를 향하는 길

(1) 김경록,《성장이 멈춘 시대의 투자법》, 흐름출판, p.115
(2) 버턴 말킬,《랜덤워크 투자수업》, 골든어페어, p.230
(3) 버턴 말킬,《랜덤워크 투자수업》, 골든어페어, p.231
(4) 버턴 말킬,《랜덤워크 투자수업》, 골든어페어, p.258
(5) 버턴 말킬,《랜덤워크 투자수업》, 골든어페어, p.260
(6) 버턴 말킬,《랜덤워크 투자수업》, 골든어페어, p.261
(7) 버턴 말킬,《랜덤워크 투자수업》, 골든어페어, p.317
(8) 이효석,《나는 당신이 주식 공부를 시작했으면 좋겠습니다》, 페이지2북스, p.63
(9) 김대열,《행복한 투자의 성공 법칙》, 박영사, p.47
(10) 버턴 말킬,《랜덤워크 투자수업》, 골든어페어, p.236
(11) 김경록,《성장이 멈춘 시대의 투자법》, 흐름출판, p.139
(12) 존 롱고 & 타일러 롱고,《워런 버핏의 위대한 부자수업》, 비즈니스북스, p.260
(13) 버턴 말킬,《랜덤워크 투자수업》, 골든어페어, p.412
(14) 김경록,《성장이 멈춘 시대의 투자법》, 흐름출판, p.147
(15) 김대열,《행복한 투자의 성공 법칙》, 박영사, p.61
(16) 크리스토퍼 브라운,《가치투자의 비밀》, 흐름출판, p.187
(17) 버턴 말킬,《랜덤워크 투자수업》, 골든어페어, p.187
(18) 버턴 말킬,《랜덤워크 부사수업》, 골든어페어, p.415
(19) 김대열,《행복한 투자의 성공 법칙》, 박영사, p.66

8장 인간에 대한 이해

(1) 대니얼 카너먼, 《생각에 관한 생각》, 김영사, p.39
(2) 김경록, 《성장이 멈춘 시대의 투자법》, 흐름출판, p.176
(3) 대니얼 카너먼, 《생각에 관한 생각》, 김영사, p.416
(4) 김경록, 《성장이 멈춘 시대의 투자법》, 흐름출판, p.173
(5) 김경록, 《성장이 멈춘 시대의 투자법》, 흐름출판, p.173
(6) 김경록, 《성장이 멈춘 시대의 투자법》, 흐름출판, p.189
(7) 버턴 말킬, 《랜덤워크 투자수업》, 골든어페어, p.292
(8) 버턴 말킬, 《랜덤워크 투자수업》, 골든어페어, p.293

9장 실전 가이드

(1) 버턴 말킬, 《랜덤워크 투자수업》, 골든어페어, p.368
(2) 제러미 시겔, 《주식에 장기투자하라》, 이래미디어, p.243
(3) 제러미 시겔, 《주식에 장기투자하라》, 이래미디어, p.236
(4) 제러미 시겔, 《주식에 장기투자하라》, 이래미디어, p.232
(5) 제러미 시겔, 《주식에 장기투자하라》, 이래미디어, p.237
(6) 이효석, 《나는 당신이 주식 공부를 시작했으면 좋겠습니다》, 페이지2북스, p.242
(7) 크리스토퍼 브라운, 《가치투자의 비밀》, 흐름출판, p.73

10장 은퇴 후 노후 생활

(1) 홍원구, "TDF 현황과 퇴직연금 자산운용 체계", 《자본시장 포커스》, 2024-7호
(2) 김경록, 《60년대생이 온다》, 비아북, p.188
(3) 김경록, 《벌거벗을 용기》, 흐름출판, p.147
(4) 김경록, 《60년대생이 온다》, 비아북, p.150
(5) 김경록, 《60년대생이 온다》, 비아북, p.152
(6) 김경록, 《60년대생이 온다》, 비아북, p.145
(7) 김경록, 《60년대생이 온다》, 비아북, p.157
(8) 버턴 말킬, 《랜덤워크 투자수업》, 골든어페어, p.434
(9) 존 롱고 & 타일러 롱고, 《워런 버핏의 위대한 부자수업》, 비즈니스북스, p.459

11장 행복한 노후 생활을 위하여

(1) 김경록, 《60년대생이 온다》, 비아북, p.182

(2) 김경록, 《60년대생이 온다》, 비아북, p.99

(3) 엘리자베스 스탠리, 《최악을 극복하는 힘》, 로크미디어, p.534, 535

(4) 김주환, 《회복탄력성》, 위즈덤하우스, p.255

(5) 김주환, 《회복탄력성》, 위즈덤하우스, p.255

(6) 신야 히로미, 《병 안 걸리고 사는 법》, 이아소, p.185

(7) 탈 벤-샤하르, 《해피어》, 위즈덤하우스, p.166

(8) 존 롱고 & 타일러 롱고, 《워런 버핏의 위대한 부자수업》, 비즈니스북스, p.364

(9) 존 롱고 & 타일러 롱고, 《워런 버핏의 위대한 부자수업》, 비즈니스북스, p.511

에필로그

(1) 나심 니콜라스 탈렙, 《행운에 속지 마라》, 중앙북스, p.42

참고문헌

버턴 말킬, 《랜덤워크 투자수업》
김경록, 《성장이 멈춘 시대의 투자법》
대니얼 카너먼, 《생각에 관한 생각》
벤저민 그레이엄, 《현명한 투자자》
존 롱고 & 타일러 롱고, 《워런 버핏의 위대한 부자수업》
제러미 시겔, 《주식에 장기 투자하라》
크리스토퍼 브라운, 《가치투자의 비밀》
피터린치 & 존 로스차일드, 《월가의 영웅》
나심 니콜라스 탈렙, 《블랙스완》
나심 니콜라스 탈렙, 《행운에 속지 마라》
김대열, 《행복한 투자의 성공 법칙》
김석한, 《살아가는데 최소한 필요한 금융지식》
존리, 《존리의 부자되기 습관》
오건영, 《위기의 역사》
강방천, 《관점》
이효석, 《나는 당신이 주식 공부를 시작했으면 좋겠습니다》
팻 도시, 《모닝스타 성공투자 5원칙》
장홍래, 《워런 버핏식 현금주의 투자 전략》
삼성자산운용, 《투자 에세이 시리즈 5권》
문지웅, 《최소한의 경제공부》
이영주, 《부의 진리》
로버트 기요사키, 《부자 아빠 가난한 아빠》

김승호, 《돈의 속성》

엄제이 드마크, 《부의 추월차선》

윤재수, 《주식투자 무작정 따라하기》

한국금융연수원, 《금융자산 투자 설계》

D.A. 벤턴, 《CEO 정상의 법칙》

김경록, 《60년대생이 온다》

신야 히로미, 《병 안걸리고 사는 법》

김경록, 《벌거벗을 용기》

김형석, 《100년의 지혜》

탈 벤-샤하르, 《하버드대 행복학 강의 해피어》

김주환, 《회복탄력성》

엘리자베스 스탠리, 《최악을 극복하는 힘》

가와시마 류타, 《독서의 뇌과학》

앙드레 코스톨라니, 《돈, 뜨겁게 사랑하고 차갑게 다루어라》

이천, 《내 통장 사용설명서》

김대종, 《생활재테크》

박길동, 《현금흐름 분석과 현금흐름표 작성》

한 권으로 끝내는
은퇴 준비 프로젝트

초판 2쇄 발행 2025년 8월 12일
지은이 한동욱
펴낸곳 빈커뮤니케이션즈
주소 서울시 서대문구 연희맛로 32 도유빌딩 2층
문의 T_02.3141.3648 F_02.3141.3637
홈페이지 www.binc.co.kr
출판등록번호 312-2011-000037

값 18,000원
ISBN 979-11-993533-0-5 (13320)

저작권법에 의해 한국 내에서 보호를 받는 저작물이므로 무단전재와 무단복제를 금합니다.
이 책 내용의 전부 또는 일부를 이용하려면 반드시 저작권자와 빈커뮤니케이션즈의 서면 동의를 받아야 합니다.

* 잘못된 책은 구입하신 곳에서 바꾸어 드립니다.